하룻밤에 외우는
영어 패턴 50

**하룻밤에 외우는
영어 패턴 50**

1판 1쇄 발행 2006년 11월 17일
1판 1쇄 발행 2007년 2월 1일

지은이 박찬영
그린이 추덕영
펴낸이 박선우
디자인 이창욱, 김유은
발행처 리베르
주소 서울시 용산구 한강로 2가 314-1 용성비즈텔 1304호
등록번호 제 2003-43호
전화 790-0587
팩스 790-0589
e-mail skyblue7410@hanmail.net

이 책의 독창적인 방법과 내용의 전재를 금합니다.

하룻밤에 외우는
영어 패턴 50

박찬영 지음

리베르

머리말

영어를 배우는 것은 곧 영어식 사고방식을 배우는 것이다. 영어식 사고방식이란 영어를 있는 그대로 받아들이는 것이다. 이를 위해서는 영문을 읽거나 쓸 때 영어의 어순대로, 영어 단어의 원래 의미를 있는 그대로 적용시켜야 한다.

'영어 패턴 50'은 영어와 우리말을 1대 1로 대응하면서 핵심 구문 50개를 완전히 암기할 수 있도록 구성돼 있다. 50개의 핵심 구문은 핵이 연쇄 반응을 일으키듯이 다양한 문장을 생성할 수 있는 위력을 발휘한다. 이 책에 나오는 패턴 50개만 외워도 독해·회화·작문을 한꺼번에 해결할 수 있는 기초를 닦을 수 있을 것이다.

'영어 패턴 50'은 정교하게 구성돼 있어 그림으로 한눈에 외울 수 있다. 그림은 하나의 자연스러운 상황을 연출하고 있다. 최근 기억법 자료, 알파벳 순서로 영어 문장을 외우게 하는 학습법이 소개되기도 했다. 하지만 인위적인 기억법을 적용해 암기한 내용은 오래 남지 않을 뿐 아니라 실제로 활용하기도 어렵다. 더 큰 문제는 그런 부자연스러운 학습이 자칫 창의성을 떨어뜨리고 시간을 낭비하게 할 수도 있다는 점이다. 기존 기억법은 미리 설정해 놓은 장면에 외우고자 하는 대상을 결부시키는 것이어서 기억의 밀착도가 떨어진다. 알파벳 순서대로 키워드를 외우는 방법은 더 말할 필요도 없다.

우리는 학습할 내용을 암기할 때 가장 잘 이해할 수 있고 또 가장 잘 활용할 수 있다. 그러나 암기 방법이 부자연스럽다면 암기하는 것이 오히려 부담이 될 수도 있다. 가장 좋은 외국어 암기 방법은 내용을 있는 그대로 자연스럽게 받아들이는 것이다.

우리는 지금까지 영문법과 독해를 통해 영어에 해당하는 적당한 우리글을 만드는 부자연스러운 공부를 해왔다. 영문법과 독해 학습은 물론 필요하다. 하지만 영어를 공부하면서 사실은 한국어를 공부하고 있다면 문제는 달라진다. 이 문제를 해결하려면 영어를 있는 그대로 받아들여야 한다.

영문을 있는 그대로 정확히 이해하려면 기본 문형이 몸에 배어 있어야 한다. 전통 문법의 가장 큰 문제점은 형식적 분류 때문에 정작 꼭 필요하고 빈번히 다뤄지는 영어구문은 소홀히 취급하고 있다는 것이다. 우리는 정말 필요한 문법은 뒷전으로 미루고 불필요하고 형식적인 문법 공부에 시간을 허비하고 있다. 우리는 지금까지 영어를 공부하지 않고 영어에 관한 것을 공부해왔던 것이다. 문법은 독해·회화·작문에 도움을 주기 위한 역할에 그쳐야 한다. 우리는 언어학자가 아니기 때문에 언어적인 분류 작업에 매달려 있을 필요는 없다. 하지만 영문을 이해하는 데 꼭 필요한 문형은 충분히 연습해 두어야 한다. 기타 세부적인 문법 사항이나 예외적인 용례는 많은 영문을 읽어가는 과정에서 자연스럽게 습득할 수 있다.

　이제는 우리도 반세기 이상을 의심 없이 사용해온 일본식 영문법이 아닌 영어 회화와 영작을 위한 우리식 실용 영문법을 전향적으로 개발할 필요가 있다. 영어식 사고방식을 기르기 위해 우리말과 영어를 1대 1로 대응시켜 영어의 기본 문형을 확실하게 익히도록 하는 것이 하나의 대안이다. 영어를 있는 그대로 정확히 이해하려면 영어의 어순 그대로 이해해야 하고, 영어 단어의 기본 의미를 그대로 적용해야 한다. 예컨대 'Mind if I sit here?' 'No'는 '여기 앉아도 될까요?' '예'가 아니라 '꺼리십니까, 내가 앉으면, 여기에?' '아니오'로 이해하고 받아들여야 한다.

　영문을 순서대로 정확히 읽기 위해서는 기본 문형에 익숙해야 한다. 대충 이해하면 영어도 대충 지나가 버린다. 10년을 공부해도 영어에 자신감을 가질 수 없는 이유가 바로 여기에 있다. '영어 패턴 50'이 기본 문형을 정확하게 이해시켜 독해·회화·작문에 자신감을 가질 수 있도록 도와줄 것이다.

지은이 씀

Contents

영어패턴 50 그림으로 한눈에 외우기 • *9*

Chapter **1. A restaurant** • *31*

Chapter **2. My present** • *49*

Chapter **3. Playing cards** • *65*

Chapter **4. A friend** • *85*

Chapter **5. The house on the hill** • *103*

Chapter **6. A teacher** • *121*

Chapter **7. The rainbow** • *143*

Chapter **8. The best music** • *161*

Chapter **9. A guitar** • *179*

Chapter **10. The wall** • *203*

영어패턴 50
그림으로 한눈에 외우기

영어패턴 50 암기 방법

1단계 각 그림의 5가지 요소를 외운다. 5가지 요소를 하나의 그림으로 구성한 것은 사람이 한꺼번에 사물을 가장 편하게 인식할 수 있는 수가 손가락 숫자인 5이기 때문이다.

2단계 각 그림의 첫 키워드를 숫자와 결부시키면, 순서와 번호를 암기할 수 있다.

첫째(01)가는 레스토랑
고유(06)한 선물
일일이(11) 치는 카드
일류(16) 친구
이 일(21)이 발생한 언덕 위의 집
이유(26) 있는 선생님
삼일(31)절의 무지개
세련(36)된 음악
내일(41) 공연은 기타
사유(46)의 벽

01 레스토랑 – 02 세일즈맨 – 03 꽃– 04 커피 – 05 외국인
06 선물 – 07 사업가 – 08 치킨과 생선 – 09 여섯시 – 10 비서
11 카드 – 12 담배 – 13 문 – 14 날짜 있는 달력 – 15 그림
16 친구 – 17 저택 – 18 단풍 – 19 해 – 20 부부
21 언덕 위의 집 – 22 하늘 – 23 경치 – 24 사진 – 25 아들
26 선생님 – 27 축구공 – 28 유리창 – 29 소녀 – 30 신발
31 무지개 – 32 헬리콥터 – 33 벤치 – 34 여배우 – 35 인형
36 음악 – 37 선글라스 – 38 자전거 – 39 집 – 40 강아지
41 기타 – 42 가수 – 43 영어 – 44 맥주 – 45 점심
46 벽– 47 아내 – 48 아기 – 49 장미 – 50 키 큰 남자

3단계 그림의 상황에 맞게 한글 문장을 확인한다.

4단계 한글 문장에 해당하는 영어 문장을 암기한다. 영어식 해석, 영어식 영작, 그리고 영어 패턴 이해를 통해 영문 암기를 강화한다.

(01) 레스토랑 – 세일즈맨 – 꽃 – 커피 – 외국인

(06) 선물 – 사업가 – 치킨과 생선 – 여섯시 – 비서

(11) 카드 – 담배 – 문 – 날짜 있는 달력 – 그림

(16) 친구 – 저택 – 단풍 – 해 – 부부

(21) 언덕 위의 집 – 하늘 – 경치 – 사진 – 아들

(26) 선생님 – 축구공 – 유리창 – 소녀 – 신발

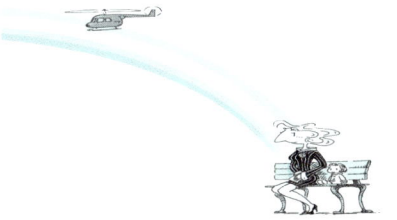

(31) 무지개 – 헬리콥터 – 벤치 – 여배우 – 인형

(36) 음악 – 선글라스 – 자전거 – 집 – 강아지

(41) 기타 – 가수 – 영어 – 맥주 – 점심

(46) 벽 – 아내 – 아기 – 장미 – 키 큰 남자

Chapter 1 A restaurant

01 I want **to** run a **restaurant**.
나는 레스토랑을 운영하기를 원한다.

02 He is the right person **to** replace the **salesman**.
그는 그 영업자를 대신할 적임자이다.

03 This **flower** is pretty **to** look at.
이 꽃은 보기에 예쁘다.

04 I stopped **to** drink a cup of **coffee**.
나는 커피를 마시기 위해 멈췄다.

05 It will be good **for** me **to** have a **foreign friend**.
나는 외국인 친구가 있으면 좋겠다.

Chapter 2 My present

06 I was so happy **to** get my **present**.
나는 선물을 받아서 너무 기뻤다.

07 He grew up **to** be a great **businessman**.
그는 자라서 훌륭한 사업가가 되었다.

08 I can't decide **whether to** order **fish or chicken**.
나는 생선으로 주문해야 할지 치킨으로 주문해야 할지 결정을 못하겠다.

09 We **are to** meet here at **six**.
우리는 6시에 여기서 만날 예정이다.

10 His **secretary** managed **to** get there in time.
그의 비서는 겨우 제 시간에 그곳에 닿았다.

Chapter 3 Playing cards

11 Play**ing** **cards** is interesting.
카드를 치는 것은 흥미롭다.

12 I don't like his **smoking** here.
나는 그가 여기서 담배 피우는 것이 싫다.

13 Would you **mind** open**ing** the **door**?
문 좀 열어 주시겠어요?

14 It was an excit**ing** **day**.
그날은 흥분되는 하루였다.

15 I like the **picture** paint**ed** in water colors.
나는 수채화 물감으로 그려진 그 그림을 좋아한다.

Chapter 4 A friend

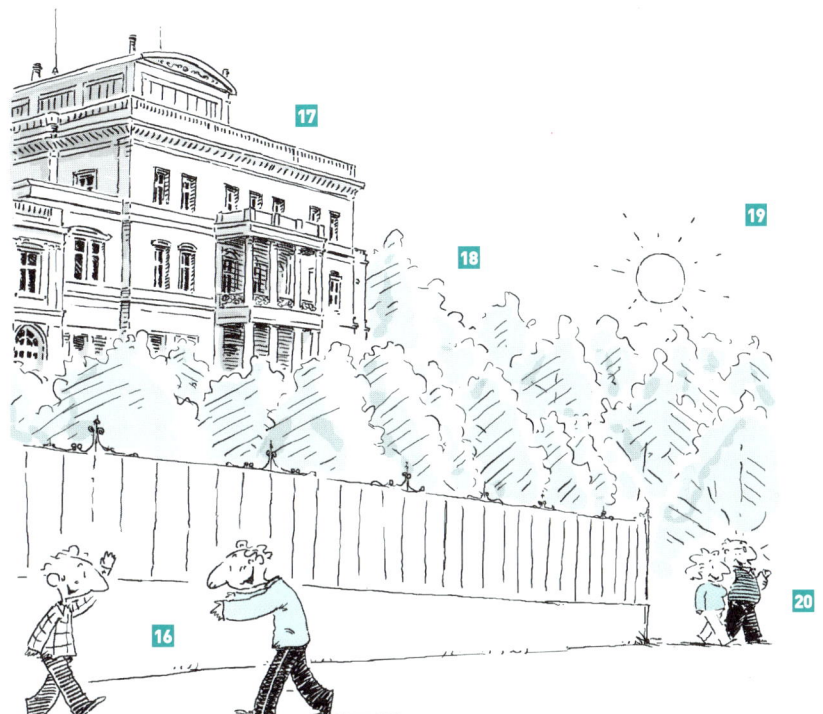

- **16** **Walking** along the street, I met **a friend**.
  나는 거리를 걷다가 친구를 만났다.

- **17** Compar**ed** to our house, his **mansion** is a palace.
  우리 집에 비하면 그의 저택은 궁전이다.

- **18** We took a walk together, enjoy**ing the autumn leaves**.
  우리는 함께 걸으면서 단풍을 즐겼다.

- **19** The **sun having set**, we came down the hill.
  해가 져서 우리는 언덕을 내려왔다.

- **20** **Frankly speaking**, they are **man and wife**.
  솔직히 말하면 그들은 부부다.

Chapter 5 The house on the hill

21 The man lives **in** the house **on** the **hill**.
그 남자는 언덕 위에 있는 집에서 산다.

22 I know **that sky** gets dark every night.
나는 매일 밤하늘이 어두워지는 것을 안다.

23 **It** is true **that** the **scenery** is beautiful.
경치가 아름답다는 것은 사실이다.

24 I'm afraid **that** I don't take very good **pictures**.
저는 사진을 잘 못 찍는데요.

25 Do you know **where** my **son** is?
우리 아들이 어디 있는지 아세요?

Chapter 6 A teacher

26 I doubt **if** he is qualified as a **teacher**.
나는 그가 선생님으로서 적합한지 어떤지 의문스럽다.

27 Both his son **and** his daughter like **soccer**.
그의 아들과 딸 모두 축구를 좋아한다.

28 It was the **window that** he broke on purpose.
그가 일부러 깬 것은 창문이었다.

29 She is **the** pretti**est girl in** the class.
그녀는 반에서 가장 예쁜 소녀이다.

30 The **shoes** are **as** good **as** they cost.
그 신발은 비싼 만큼 제 값을 한다.

Chapter 7 The rainbow

31 The **rainbow** was **so** beautiful **that** it took my breath away.
무지개가 너무 아름다워서 숨도 못 쉴 정도였다.

32 He is **so** rich **that** he **can** buy the **helicopter**.
그는 워낙 부자여서 그 헬리콥터를 살 수 있다.

33 Let's sit on the **bench so that** we **can** catch our breath.
한 숨 돌리기 위해 벤치에 좀 앉자.

34 He has a daughter **who** became an **actress**.
그에게는 여배우가 된 딸 한 명이 있다.

35 She made a **doll which** had blue eyes.
그녀는 푸른 눈을 가진 인형을 만들었다.

Chapter 8 The best music

36 This is the best **music that** I have ever heard.
이것은 내가 지금까지 들어본 음악 중에서 가장 좋은 음악이다.

37 These **sunglasses** (that) I bought are very popular.
내가 산 이 선글라스는 매우 인기가 있다.

38 This **bike** is really **what** I wanted to have.
이 자전거는 정말 내가 갖고 싶어 했던 것이다.

39 This is the **house where** I live.
이것은 내가 사는 집이다.

40 My **dog** wags his tail **whenever** he sees me.
내 개는 나를 볼 때마다 꼬리를 흔든다.

Chapter 9 A guitar

41 If I **had** the money, I **would** buy a **guitar**.
내가 돈이 있으면 기타를 살 텐데.

42 If I **were to** be young again, I **would** be a **singer**.
만일 내가 다시 젊어진다면 가수가 될 것이다.

43 **I wish I could** speak **English** that well.
나도 저렇게 영어를 잘 했으면 좋을 텐데.

44 What kind of **beer would** you like?
어떤 맥주를 드시겠어요?

45 I **have** just **finished** my **lunch**.
나는 막 점심 식사를 마쳤다.

Chapter 10 The wall

46 The **wall was painted** by him.
벽은 그에 의해 칠해졌다.

47 She will **make** a good **wife**.
그녀는 좋은 아내가 될 것이다.

48 Her **baby entered** the room.
그녀의 아기는 그 방에 들어갔다.

49 He **bought** the girl a red **rose**.
그는 그 소녀에게 빨간 장미 한 송이를 사주었다.

50 I always **imagined** him as a **tall man**.
나는 늘 그가 키가 큰 사람이라고 상상했다.

영어 패턴 50 영어식 해석

* '영어 패턴 50'은 영어와 우리말을 1대 1로 대응하면서 영어의 어순대로, 영어단어의 원래 의미를 그대로 적용시켜 해석하였다.

* 명사 뒤에 that, 관계사, 의문사가 오거나, 명사 뒤 혹은 앞에 –ing, –ed, to do 가 올 경우 'that, 관계사, 의문사, –ing, –ed'는 대체로 '~하는, ㄴ'으로 해석된다. 이러한 해석법은 명사 주변에 있는 어구는 그 명사를 수식하기 위해 존재한다는 대원칙에 근거한다. 명사와 주어 사이에 있는 that나 관계사는 흔히 생략된다. 이런 원칙만 정확히 적용해도 영어 구문의 상당 부분을 정복한 것이나 다름없다.

01. I want to run(나는 운영하기를 원한다) a restaurant(레스토랑을).
02. He is the right person(그는 맞는 사람이다) to replace(대신할) the salesman(그 영업자를).
03. This flower is pretty(이 꽃은 예쁘다) to look at(쳐다보기에).
04. I stopped(나는 멈췄다) to drink a cup of coffee(커피 한 잔을 마시기 위해).
05. It will be good(그것은 좋을 것이다) for me(내가) to have(가지는 것은) a foreign friend(외국인 친구를).

---

06. I was so happy(나는 너무 기뻤다) to get(받아서) my present(나의 선물을).
07. He grew up(나는 자랐다) to be(되었다) a great businessman(위대한 사업가가).
08. I can't decide(나는 결정할 수 없다) whether to order(어느 것을 주문해야 할지를) fish or chicken(생선 혹은 닭요리 중에서).
09. We are to meet(우리는 만날 예정이다) here at six(여기서 여섯 시에).
10. His secretary(그의 비서는) managed(겨우 해냈다) to get(도착하는 것을) there in time(그곳에 제때).

11. Playing cards(카드를 치는 것은) is interesting(재미있다).
12. I don't like(나는 좋아하지 않는다) his smoking(그가 담배피우는 것을) here(여기서).
13. Would you mind(꺼리십니까) opening(여는 것을) the door(문을)?
14. It was an exciting day(그날은 흥분되는 하루였다).
15. I like(나는 좋아한다) the picture(그 그림을) painted(그려진) in water colors(수채화 물감으로).

16. Walking along the street(거리를 따라 걷는), I(나는) met(만났다) a friend(한 친구를).
17. Compared to our house(우리 집과 비교된), his mansion(그의 저택은) is a palace(궁전이다).
18. We took a walk(우리는 산책했다) together(함께), enjoying(그리고 즐겼다) the autumn leaves(가을 잎들을).
19. The sun(해가) having set(졌다), we came down(우리는 내려왔다) the hill(언덕을).
20. Frankly speaking(솔직히 말하면), they are man and wife(그들은 부부다).

21. The man(그 남자는) lives(산다) in the house(집에서) on the hill(언덕 위에 있는).
22. I know(나는 안다) that sky gets dark(하늘이 어두워진다는 것을) every night(매일 밤).
23. It is true(그것은 사실이다) that the scenery is beautiful(경치가 아름답다는 것은).
24. I'm afraid(나는 두렵다) that I don't take(내가 찍지 못하는 것이) very good pictures(매우 좋은 사진들을).
25. Do you know(당신은 아세요) where my son is(우리 아들이 어디에 있는지를)?

26. I doubt(나는 의문스럽다) if he is gualified(그가 적합한지 어떤지) as a teacher(선생님으로서).
27. Both his son and his daughter(그의 아들과 딸 모두) like(좋아한다) soccer(축구를).
28. It was the window(그것은 창문이었다) that he broke(그가 깬 것은) on purpose(일부러).
29. She is the prettiest girl(그녀는 가장 예쁜 소녀이다) in the class(반에서).
30. The shoes are as good(그 신발은 좋다) as they cost(그것이 가격이 매겨지는 만큼).

31. The rainbow(무지개가) was so beautiful that(너무 아름다워서) it took(그것은 잡았다) my breath away(나의 호흡을 떼 내서).
32. He is so rich that(그는 너무 부자여서) he can buy(그는 살 수 있다) the helicopter(그 헬리콥터를).
33. Let's sit(앉자) on the bench(벤치 위에) so that we can catch(그래야 우리가 잡을 수 있다) our breath(우리의 호흡을).
34. He has(그는 가지고 있다) a daughter(딸 하나를) who became an actress(여배우가 된).
35. She made(그녀는 만들었다) a doll(인형 하나를) which had blue eyes(푸른 눈을 가진).

36. This is the best music(이것은 가장 좋은 음악이다) that I have ever heard(내가 지금까지 들어본).
37. These sunglasses(이 선글라스는) I bought(내가 산) are very popular(매우 인기가 있다).
38. This bike(이 자전거는) is really what I wanted(정말 내가 원했던 것이다) to have(가지기를).
39. This is the house(이것은 집이다) where I live(내가 사는).
40. My dog(내 개는) wags his tail(꼬리를 흔든다) whenever he sees me(그가 나를 볼 때마다).

41. If I had the money(내가 돈을 가지고 있다면), I would buy a guitar(내가 기타를 살 텐데).
42. If I were to be young(만약 내가 젊어진다면) again(다시), I would be a singer(나는 가수가 될 것이다).
43. I wish(나는 바란다) I could speak(말할 수 있기를) English(영어를) that well(저렇게 잘).
44. What kind of beer(어떤 종류의 맥주를) would you like(드시겠습니까)?
45. I have just finished(나는 방금 마쳤다) my lunch(나의 점심을).

---

46. The wall(벽은) was painted(칠해졌다) by him(그에 의해서).
47. She will make(그녀는 만들 것이다) a good wife(좋은 아내를).
48. Her baby(그녀의 아기는) entered(들어갔다) the room(그 방에).
49. He bought(나는 사주었다) the girl(그 소녀에게) a red rose(빨간 장미를).
50. I always imagined(나는 늘 상상했다) him(그를) as a tall man(키 큰 사람으로).

영어 패턴 50 영어식 영작

일반적인 우리말을 영어로 옮길 때는 주어를 먼저 옮기고 나머지는 대체로 뒤에서부터 옮기면 된다. 예컨대, '나는 레스토랑을 운영하기를 원한다.'를 영작할 경우, '나는, 원한다, 운영하기를, 레스토랑을'을 그대로 영어로 옮기면 된다. 즉, 영어식 해석을 있는 그대로 영어로 옮기면 훌륭한 영작이 된다.
I(나는) want(원한다) to run(운영하기를) a restaurant(레스토랑을).

1. 나는 레스토랑을 운영하기를 원한다.
   (나는 원한다, 운영하기를, 레스토랑을)
2. 그는 그 영업자를 대신할 적임자이다.
   (그는 맞는 사람이다, 대신할, 그 영업자를)
3. 이 꽃은 보기에 예쁘다.
   (그 꽃은 예쁘다, 쳐다보기에)
4. 나는 커피를 마시기 위해 멈췄다.
   (나는 멈췄다, 커피 한 잔을 마시기 위해)
5. 나는 외국인 친구가 있으면 좋겠다.
   (그것은 좋을 것이다, 내가, 가지는 것은, 외국인 친구를)

6. 나는 선물을 받아서 너무 기뻤다.
   (나는 너무 기뻤다, 받아서, 나의 선물을)
7. 그는 자라서 훌륭한 사업가가 되었다.
   (그는 자랐다, 되었다, 위대한 사업가가)
8. 나는 생선으로 주문해야 할지 치킨으로 주문해야 할지 결정을 못하겠다.
   (나는 결정할 수 없다, 어느 것을 주문해야 할지를, 생선 혹은 치킨 가운데)
9. 우리는 6시에 여기서 만날 예정이다.
   (우리는 만날 예정이다, 여기서 여섯 시에)
10. 그의 비서는 겨우 제 시간에 그곳에 닿았다.
    (그의 비서는, 겨우 해냈다, 도착하는 것을, 그곳에 제때)

11. 카드놀이는 흥미롭다.
    (카드를 치는 것은, 재미있다)
12. 나는 그가 여기서 담배 피우는 것이 싫다.
    (나는 좋아하지 않는다, 그의 담배 피우는 것을, 여기서)
13. 문 좀 열어 주시겠어요?
    (꺼리십니까, 여는 것을, 문을)
14. 흥겨운 하루를 보냈다.
    (그날은 흥분되는 하루였다)
15. 나는 수채화 물감으로 그려진 그 그림을 좋아한다.
    (나는 좋아한다, 그 그림을, 그려진, 수채화 물감으로)

16. 나는 거리를 걷다가 친구를 만났다.
    (거리를 따라 걷는, 나는, 만났다, 한 친구를)
17. 우리 집에 비하면 그의 저택은 궁전이다.
    (우리 집과 비교된, 그의 저택은, 궁전이다)
18. 우리는 함께 걸으면서 단풍을 즐겼다.
    (우리는 산책했다, 함께, 그리고 즐겼다, 가을 잎들을)
19. 해가 져서 우리는 언덕을 내려왔다.
    (해가 졌다, 우리는 내려왔다, 언덕을)
20. 솔직히 말하면 그들은 부부다.
    (솔직히 말하면, 그들은 부부다)

21. 그 남자는 언덕 위의 집에서 산다.
    (그 남자는, 산다, 집에서, 언덕 위에 있는)
22. 나는 매일 밤하늘이 어두워지는 것을 안다.
    (나는 안다, 하늘이 어두워지는 것을, 매일 밤)
23. 경치가 아름답다는 것은 사실이다.
    (그것은 사실이다, 경치가 아름답다는 것은)
24. 저는 사진을 잘 못 찍는데요.
    (나는 두렵다, 내가 찍지 못하는 것이, 매우 좋은 사진들을)
25. 우리 아들이 어디 있는지 아세요?
    (당신은 아세요, 우리 아들이 어디에 있는지를)

26. 나는 그가 선생님으로서 적합한지 어떤지 의문스럽다.
    (나는 의문스럽다, 그가 적합한지 어떤지, 선생님으로서)
27. 그의 아들과 딸 모두 축구를 좋아한다.
    (그의 아들과 딸 모두, 좋아한다, 축구를)
28. 그가 일부러 깬 것은 창문이었다.
    (그것은 창문이었다, 그가 깬 것은, 일부러)
29. 그녀는 반에서 가장 예쁜 소녀이다.
    (그녀는 가장 예쁜 소녀이다, 반에서)
30. 그 신발은 비싼 만큼 제 값을 한다.
    (그 신발은 좋다, 그것이 가격이 매겨지는 만큼)

31. 무지개가 너무 아름다워 숨도 못 쉴 정도였다.
    (무지개가, 너무 아름다워서, 그것은 잡았다, 나의 호흡을 떼 내서)
32. 그는 워낙 부자여서 그 헬리콥터를 살 수 있다.
    (그는 너무 부자여서, 그는 살 수 있다, 그 헬리콥터를)
33. 벤치 위에 앉아서 숨 좀 돌리자.
    (앉자, 벤치 위에, 그래야 우리가 잡을 수 있다, 우리의 호흡을)
34. 그에게는 여배우가 된 딸 한 명이 있다.
    (그는 가졌다, 딸 하나를, 여배우가 된)
35. 그녀는 푸른 눈을 가진 인형을 만들었다.
    (그녀는 만들었다, 인형 하나를, 푸른 눈을 가진)

36. 이것은 내가 지금까지 들어본 음악 중에서 가장 좋은 음악이다.
    (이것은 가장 좋은 음악이다, 내가 지금까지 들어온)
37. 내가 산 이 선글라스는 매우 인기가 있다.
    (이 선글라스는, 내가 산, 매우 인기가 있다)
38. 이 자전거는 정말 내가 갖고 싶어 했던 것이다.
    (이 자전거는, 정말 내가 원했던 것이다, 가지기를)
39. 이것은 내가 사는 집이다.
    (이것은 집이다, 내가 사는)
40. 내 개는 나를 볼 때마다 꼬리를 흔든다.
    (내 개는, 꼬리를 흔든다, 그가 나를 볼 때마다)

41. 내가 돈이 있으면 기타를 살 텐데.
   (내가 돈을 가지고 있다면, 내가 기타를 살 텐데)
42. 만일 내가 젊어진다면 나는 가수가 될 것이다.
   (만약 내가 젊어진다면, 다시, 나는 가수가 될 것이다)
43. 나도 저렇게 영어를 잘 하면 좋을 텐데.
   (나는 바란다, 말할 수 있기를, 영어를, 저렇게 잘)
44. 어떤 맥주를 드시겠어요?
   (어떤 종류의 맥주를, 드시겠습니까)
45. 나는 막 점심 식사를 마쳤다.
   (나는 방금 마쳤다, 나의 점심을)

46. 벽은 그에 의해 칠해졌다.
   (벽은, 칠해졌다, 그에 의해서)
47. 그녀는 좋은 아내가 될 것이다.
   (그녀는 만들 것이다, 좋은 아내를)
48. 그녀의 아기는 그 방에 들어갔다.
   (그녀의 아기는, 들어갔다, 그 방에)
49. 그는 그 소녀에게 한송이 빨간 장미를 사주었다.
   (그는 사주었다, 그 소녀에게, 한 송이 빨간 장미를)
50. 나는 늘 그가 키가 큰 사람이라고 상상했다.
   (나는 늘 상상했다, 그를, 키 큰 사람으로)

Chapter 1

A restaurant

Pattern 1 **I want to run a restaurant.**

1 to do(~하는 것은) + 동사

1. **To** read good books is very important.
2. **To** love and to be loved is the greatest happiness.
3. **To** live with an ideal is a successful life.
4. Early **to** bed and early **to** rise makes a man healthy, wealthy, and wise.

2 동사 + to do(~하는 것을, ~하기를)

1. I want **to** run a restaurant.
2. I don't want **to** see you again.
3. I want you **to** come home promptly after class.

3 be동사 + to do = ~하는 것이다

1. To see is **to** believe.
2. Her delight is **to** travel.
3. The goal of this restructuring is **to** move heavy manufactures and traditional industries into high-tech fields.

Pattern Tip

1 'to do~'가 동사 앞에서 주어 역할을 할 때 to는 '것은'으로 해석한다.
2 'to do~'가 동사 뒤에서 목적어 역할을 할 때 to는 '것을'로 해석한다.
3 'to do~'가 be동사 뒤에서 보어 역할을 할 때 to는 '것이다'로 해석한다.

영어식 해석

1. To read(읽는 것은) good books(좋은 책들을) is very important(매우 중요하다).
2. To love(사랑하는 것) and to be loved(그리고 사랑받는 것은) is the greatest happiness(가장 큰 행복이다).
3. To live(산다는 것은) with an ideal(이상을 가지고) is a successful life(성공적인 삶이다).
4. Early to bed and(일찍 잠자리에 드는 것과) early to rise(일찍 일어나는 것은) makes(만든다) a man(사람을) healthy, wealthy, and wise(건강하고 부유하고 현명한 상태로).

1. I want(나는 원한다) to run(운영하기를) a restaurant(레스토랑을).
2. I don't want(나는 원하지 않는다) to see you(너를 보기를) again(다시).
3. I want(나는 원한다) you to come(네가 오기를) home(집에) promptly(빨리) after class(방과 후).

1. To see(보는 것이) is to believe(믿는 것이다).
2. Her delight(그녀의 즐거움은) is to travel(여행하는 것이다).
3. The goal(목표는) of this restructuring(이 구조조정의) is to move(옮기는 것이다) heavy manufactures and traditional industries(무거운 제조업들과 전통적인 산업들을) into high-tech fields(하이테크 분야들로).

영어식 영작

1. 좋은 책들을 읽는 것은 매우 중요하다.
   (읽는 것은, 좋은 책들을, 매우 중요하다)
2. 사랑하는 것과 사랑받는 것은 가장 큰 행복이다.
   (사랑하는 것, 그리고 사랑받는 것은, 가장 큰 행복이다)
3. 이상을 가지고 산다는 것은 성공적인 삶이다.
   (산다는 것은, 이상을 가지고, 성공적인 삶이다)
4. 일찍 자고 일찍 일어나면 사람이 건강하고 부유하고 현명해진다.
   (일찍 잠자리에 드는, 일찍 일어나는 것은, 만든다, 사람을, 건강하고 부유하고 현명한 (상태로))

1. 나는 레스토랑을 운영하기를 원한다.
   (나는 원한다, 운영하기를, 레스토랑을)
2. 나는 너를 다시 만나고 싶지 않다.
   (나는 원하지 않는다, 너를 보기를, 다시)
3. 나는 방과 후 네가 집에 빨리 오기를 원한다.
   (나는 원한다, 네가 오기를, 집에, 빨리, 방과 후)

1. 백문이 불여일견.
   (보는 것이, 믿는 것이다)
2. 그녀의 즐거움은 여행하는 것이다.
   (그녀의 즐거움은, 여행하는 것이다)
3. 이 구조조정의 목적은 중공업과 전통산업을 첨단기술 분야로 전환시키는 것이다.
   (목표는, 이 구조조정의, 옮기는 것이다, 무거운 제조업들과 전통적인 산업들을, 하이테크 분야들로.)

He is the right person to replace the salesman.

1 명사 + to do(~할)

1. We can't find the right person **to** replace Sam.
2. I can't find the nerve **to** propose to her.
3. I don't have time **to** fool around like you do.
4. There is no need **to** stand on ceremony in my office.
5. This is your once-in-a-lifetime chance **to** make big bucks.
6. I have a good mind **to** cancel the party, honey.

2 명사 + to do(~할) + 전치사

1. I have no house **to** live in.
2. I have no family **to** look after.
3. He has no friend **to** play with.
4. I want something **to** write on.
5. How many pieces of baggage do you have **to** check in?

Pattern Tip

1. to do 앞에 명사가 오면 '~할'로 해석한다. 전치사 to는 '~로 향하는'을 뜻하므로 대개 미래의 일을 일컫는다.
2. 명사가 to do의 목적어로 해석되지 않을 경우에는 to do 다음에 적당한 전치사를 넣어야 한다.

영어식 해석

1. We can't find(우리는 발견할 수 없다) the right person(적당한 사람을) to replace Sam(샘을 대체할).
2. I can't find(나는 발견할 수 없다) the nerve(신경을) to propose to her(그녀에게 프러포즈할).
3. I don't have time(나는 시간을 가지고 있지 않다) to fool around(빈둥거릴) like you do(네가 하는 것처럼).
4. There is no need(필요가 없다) to stand on ceremony(의식 위에 설) in my office(나의 사무실에서).
5. This is your once-in-a-lifetime chance(이것은 너의 일생일대의 기회야) to make big bucks(많은 돈을 만들).
6. I have a good mind(나는 좋은 마음을 가지고 있다) to cancel the party(파티를 취소할), honey(여보).

1. I have no house(나는 집을 가지고 있지 않다) to live in(들어가서 살).
2. I have no family(나는 가족을 가지고 있지 않다) to look after(돌볼).
3. He has no friend(그는 친구를 가지고 있지 않다) to play with(같이 놀).
4. I want(나는 원한다) something(무언가를) to write on(위에 쓸).
5. How many pieces of baggage(얼마나 많은 개수의 짐을) do you have(당신은 가지고 있나요) to check in(체크할)?

영어식 영작

1. 우리는 샘을 대신할 적임자를 찾을 수 없다.
   (우리는 발견할 수 없다, 적당한 사람을, 샘을 대체할)
2. 나는 그녀에게 프러포즈할 용기를 낼 수 없다.
   (나는 발견할 수 없다, 신경을, 그녀에게 프러포즈할)
3. 나는 너처럼 빈둥거릴 시간이 없다.
   (나는 시간을 가지고 있지 않다, 빈둥거릴, 네가 하는 것처럼)
4. 나의 사무실에서는 너무 격식 차릴 필요 없습니다.
   (필요가 없다, 의식 위에 설, 나의 사무실에서)
5. 이것은 많은 돈을 벌 일생일대의 기회야.
   (이것은 너의 일생일대의 기회야, 많은 돈을 만들)
6. 여보, 그 파티 취소하고 싶은 마음이 굴뚝같아.
   (나는 좋은 마음을 가지고 있다, 파티를 취소할, 여보)

1. 나에게는 살 집이 없다.(나는 집을 가지고 있지 않다, 들어가서 살)
2. 나는 돌볼 가족이 없다.(나는 가족을 가지고 있지 않다, 돌볼)
3. 그는 같이 놀 친구가 없다.(그는 친구를 가지고 있지 않다, 같이 놀)
4. 나는 쓸 무언가를 원한다.(나는 원한다, 무언가를, 위에 쓸).
5. 맡기실 짐이 몇 개입니까?
   (얼마나 많은 개수의 짐을, 당신은 가지고 있나요, 체크할)

Pattern 3   This flower is pretty to look at.

1 형용사 + to do = ~하기에 …하다

1. This flower is pretty **to** look at.
2. This water is not good **to** drink.
3. English is very easy **to** learn.
4. He isn't qualified **to** be a teacher.
5. I know this is very good chance, but I'm afraid **to** put all my eggs in one basket.

2 too 형용사 to do = 너무 ~하다 …하기에

1. He is **too** young **to** marry.
2. I'm **too** busy **to** take any time off right now.
3. The half shirt is **too** loud for me **to** wear.

3 be동사 + enough to ~ = ~ 하기에 충분하다

1. My grades are **enough to** get into the university.
2. I think about $100 should be **enough to** tide me over until the 1st of Oct.

4 형용사 + enough to ~ = ~하기에 충분히 …하다

1. Are the persimmons **ripe enough to** eat?
2. He is **rich enough to** buy the car.
3. You are **old enough to** understand this.

Pattern Tip

1 to do 앞에 형용사가 오면 '~하기에, …하는 데' 로 해석한다.
3 'too ~ to …' 는 그대로 해석하면 '너무 ~하다 …하기에는' 이다. 따라서 '너무 ~해서 …할 수 없다' 로 해석하는 것은 엄격히 말하면 오역이다.
4 enough to 앞에 be동사가 오면 '~ 하기에 충분하다' 로 해석한다.
5 enough to 앞에 형용사가 오면 enough가 형용사를 수식하는 부사 역할을 하므로 '~하기에 충분히(충분할 정도로)' 로 해석한다.

영어식 해석

1. This flower(이 꽃은) is pretty(예쁘다) to look at(쳐다보기에).
2. This water(이 물은) is not good(좋지 않다) to drink(마시기에).
3. English is very easy(영어는 매우 쉽다) to learn(배우기에).
4. He isn't qualified(그는 자격을 갖추고 있지 않다) to be a teacher(교사가 되기에는).
5. I know(나는 안다) this is very good chance(이것이 매우 좋은 기회라는 것을), but I'm afraid(그러나 나는 두렵다) to put(두는 것을) all my eggs(모든 나의 계란들을) in one basket(한 바구니에).

1. He is too young(그는 너무 어리다) to marry(결혼하기에는).
2. I'm too busy(나는 너무 바쁘다) to take any time off(시간을 내기에는) right now(지금 당장).
3. The half shirt(배꼽티는) is too loud(너무 야하다) for me(내가) to wear(입기에는).

1. My grades(내 성적은) are enough(충분하다) to get into the university (그 대학에 들어가기에).
2. I think(나는 생각한다) about $100(약 100달러는) should be enough(충분하다고) to tide me over(나를 위기에서 넘기는 데) until the 1st of Oct(10월 1일까지).

1. Are the persimmons ripe(감이 익었습니까) enough to eat(먹기에 충분히)?
2. He is rich(그는 부자다) enough(충분히) to buy the car(그 차를 사기에).
3. You are old(너는 나이가 됐다) enough(충분할 정도로) to understand this(이것을 이해하기에).

영어식 영작

1. 이 꽃은 보기에 예쁘다.
   (이 꽃은, 예쁘다, 쳐다보기에)
2. 이 물은 마시기에 적당하지 않다.
   (이 물은, 좋지 않다, 마시기에).
3. 영어는 배우기가 매우 쉽다.
   (영어는 매우 쉽다, 배우기에)
4. 그는 교사가 되기에 적격이 아닌 것 같다.
   (그는 자격을 갖추고 있지 않다, 교사가 되기에는)
5. 나는 이것이 좋은 기회라는 건 알지만 전 재산을 투자하는 것이 두렵다.
   (나는 안다, 이것이 매우 좋은 기회라는 것을, 그러나 나는 두렵다, 두는 것을, 모든 나의 계란들을, 한 바구니에)

1. 그는 결혼하기에는 너무 어리다.
   (그는 너무 어리다, 결혼하기에는)
2. 지금 당장은 너무 바빠서 잠시도 쉴 수 없다.
   (나는 너무 바쁘다, 시간을 내기에는, 지금 당장)
3. 배꼽티는 내가 입기에는 너무 야하다.
   (배꼽티는 너무 야하다, 내가, 입기에는)

1. 내 성적은 그 대학에 들어가기에 충분하다.
   (내 성적은, 충분하다, 그 대학에 들어가기에)
2. 약 100달러면 내가 10월 1일까지 견디기에 충분하다고 생각한다.
   (나는 생각한다, 약 100달러는, 충분하다고, 나를 위기에서 넘기는 데, 10월 1일까지)

1. 감이 먹을 수 있을 정도로 익었습니까?
   (감이 충분히 익었습니까, 먹기에 충분히)
2. 그는 차를 살 정도로 부자다.
   (그는 부자다, 충분히, 그 차를 사기에)
3. 너는 이것을 이해하기에 충분할 정도로 나이를 먹었다.
   (너는 나이가 됐다, 충분할 정도로, 이것을 이해하기에)

Pattern 4 **I stopped to drink a cup of coffee.**

1 구체적 행위를 나타내는 동사 + to do(~하기 위해)

1. I stopped **to** drink a cup of coffee.
2. He came **to** see me yesterday.
3. Let's go out **to** lunch.
4. How often do you take your wife out **to** eat?
5. What's your company doing **to** cope with the recession?
6. I need your signature here **to** complete the deal.
7. They may lower interest rates to try **to** prop up the economy.
8. My father always uses a carrot and a stick **to** make me do the chores in the house.

2 to do(~하기 위해) ~, 주어

1. **To** lose weight, you should take some exercises.
2. **To** get ahead, you'll have to work nights and take short vacations.

3 so as to, in order to = ~하기 위해

1. He is studying English **in order to** get a good job.
2. I ran and ran **so as to** arrive in time.

Pattern Tip

1 to do 앞에 구체적 행위를 나타내는 동사가 올 경우 to do는 '~하기 위해'로 해석한다.
2 to do가 주어 앞에 올 경우 to do는 '~하기 위해'로 해석한다.

영어식 해석

1. I stopped(나는 멈췄다) to drink(마시기 위해) a cup of coffee(커피 한 잔을).
2. He came(그는 왔다) to see me(나를 보기 위해) yesterday(어제).
3. Let's go(가자) out(바깥으로) to lunch(점심을 먹기 위해).
4. How often(얼마나 자주) do you take(당신은 데리고 갑니까) your wife(당신의 아내를) out(바깥으로) to eat(먹기 위해)?
5. What's your company doing(너의 회사는 무엇을 하고 있니) to cope with the recession(불경기에 대처하기 위해)?
6. I need(나는 필요로 한다) your signature(너의 서명을) here(여기에) to complete the deal(계약을 완성하기 위해).
7. They may lower(그들은 낮출지도 모른다) interest rates(이율을) to try to prop up(부양하기 위해) the economy(경제를).
8. My father always uses(나의 아버지는 늘 사용하신다) a carrot and a stick(당근과 막대를) to make(만들기 위해) me do(내가 하도록) the chores(허드렛일을) in the house(집안에서).

1. To lose weight(무게를 잃기 위해서), you should take(너는 취해야 한다) some exercises(약간의 운동을).
2. To get ahead(앞서 나가기 위해서는), you'll have to work(너는 일해야 한다) nights(밤에도) and take(그리고 취해야 한다) short vacations(짧은 휴가를).

1. He is studying(그는 공부하고 있다) English(영어를) in order to get(구하기 위해) a good job(좋은 직업을).
2. I ran and ran(나는 달리고 달렸다) so as to arrive(도착하기 위해) in time(제 시간에).

43

영어식 영작

1. 나는 커피를 마시기 위해 길을 멈췄다.
   (나는 멈췄다, 마시기 위해, 커피 한 잔을)
2. 그는 어제 나를 보기 위해 왔다.
   (그는 왔다, 나를 보기 위해, 어제)
3. 점심 먹으러 가자.
   (가자, 바깥으로, 점심을 먹기 위해)
4. 당신은 부인을 얼마나 자주 외식시켜 줍니까?
   (얼마나 자주, 당신은 데리고 갑니까, 당신의 아내를, 바깥으로, 먹기 위해?)
5. 너의 회사는 불경기에 대처하기 위해 무엇을 하고 있니?
   (너의 회사는 무엇을 하고 있니, 불경기에 대처하기 위해?)
6. 나는 계약을 체결하기 위해 당신의 사인이 필요합니다.
   (나는 필요로 한다, 너의 서명을, 여기에, 계약을 완성하기 위해)
7. 그들은 경기를 부양하기 위해 금리를 인하할 가능성이 있다.
   (그들은 낮출지도 모른다, 이율을, 부양하기 위해, 경제를)
8. 아버지는 집에서 나에게 허드렛일을 시키려고 항상 당근과 채찍을 사용하신다.
   (나의 아버지는 늘 사용하신다, 당근과 막대를, 만들기 위해, 내가 하도록, 허드렛일을, 집안에서)

1. 살을 빼려면 얼마간의 운동을 해야 한다.
   (무게를 잃기 위해서, 너는 취해야 한다, 얼마간의 운동을)
2. 출세하려면 야근을 하고 휴가를 짧게 가져야 한다.
   (앞서 나가기 위해서는, 너는 일해야 한다, 밤에도, 그리고 취해야 한다, 짧은 휴가를)

1. 그는 좋은 직업을 구하기 위해 영어를 공부하고 있다.
   (그는 공부하고 있다, 영어를, 구하기 위해, 좋은 직업을)
2. 나는 제 시간에 도착하기 위하여 계속 달렸다.
   (나는 달리고 달렸다, 도착하기 위해, 제 시간에)

Pattern 5 **It will be good for me to have a foreign friend.**

1 It is 형용사(명사) + to do(…하는 것은)

1. **It** is impossible **to** finish the work in a day.
   = To finish the work in a day is impossible.
2. **It** is the greatest happiness **to** love and **to** be loved.
   = To love and to be loved is the greatest happiness.
3. How long will **it** take **to** get there?
4. **It**'s tough **to** kick a habit.
5. Well, with my salary **it**'s not going to be easy **to** make ends meet.

2 It is 형용사(명사) for + to do(~가 …하는 것은)

1. **It** is impossible **for** me **to** finish the work in a day.
2. **It** will be good **for** me **to** have a foreign friend.
3. How long do you think **it** will take **for** us **to** break even?

3 It is 형용사 of + to do(~가 …하는 것은)

1. **It**'s very good **of** you **to** say so.
2. **It**'s so kind **of** you **to** help me.

4 동사 + it + C + to do(…하는 것을)

1. I think **it** impossible **to** do the work in a day.
2. I think **it** wrong **to** tell a lie.

Pattern Tip

1 주어로 쓰인 'to do …'가 길 경우 It를 주어 자리에 놓고 'to do …'는 문장 뒤로 보낸다.
2 'to do …'의 의미상의 주어는 'for+목적격'을 쓴다.
3 good, kind처럼 감정을 나타내는 형용사 다음에 오는 부정사의 의미상 주어는 'of+목적격'으로 표현한다.
4 목적어로 쓰인 'to do …'가 길 경우에도 it를 목적어 자리에 놓고 'to do …'는 문장 뒤로 보낸다.

> 영어식 해석

1. It is impossible(그것은 불가능하다) to finish(끝내는 것은) the work(그 일을) in a day(하루에).
2. It is the greatest happiness(그것은 가장 큰 행복이다) to love(사랑하는 것은) and to be loved(그리고 사랑받는 것은).
3. It's tough(그것은 힘들다) to kick(차버리는 것은) a habit(습관을).
4. How long(얼마나 오래) will it take(그것은 걸릴까) to get there(그곳까지 가는 것이).
5. Well(글쎄), with my salary(나의 봉급으로) it's not going to be easy(그것은 쉽지 않을 것이다) to make(만드는 것은) ends meet(양끝이 만나도록).

1. It is impossible(그것은 불가능하다) for me(내가) to finish(끝내는 것은) the work(그 일을) in a day(하루에).
2. It will be good(그것은 좋을 것이다) for me(내가) to have(가지는 것은) a foreign friend(외국인 친구를).
3. How long(얼마나 오래) do you think(너는 생각하니) it will take(그것이 걸릴 거라고) for us(우리가) to break even(수지를 맞추는 것이).

1. It's very good(그건 매우 좋다) of you(네가) to say so(그렇게 말하는 것은).
2. It's so kind(매우 친절하군요) of you(당신이) help me(나를 도와주니).

1. I think(나는 생각한다) it impossible(그것을 불가능하다고) for him(그가) to do the work(그 일을 하는 것은) in a day(하루만에).
2. I think(나는 생각한다) it(그것을) wrong(나쁘다고) to tell a lie(거짓말하는 것은).

영어식 작문

1. 그 일을 하루에 끝내는 것은 불가능하다.
   (그것은 불가능하다, 끝내는 것은, 그 일을, 하루에)
2. 사랑하고 사랑받는 것은 가장 큰 행복이다.
   (그것은 가장 큰 행복이다, 사랑하는 것은, 그리고 사랑받는 것은)
3. 거기까지 가는 데 얼마나 걸릴까요?
   (얼마나 오래, 그것은 걸릴까, 그곳까지 가는 것이)
4. 습관을 버린다는 게 쉬운 일인가.
   (그것은 힘들다, 차버리는 것은, 습관을)
5. 글쎄, 내 봉급으로는 수지를 맞추기가 쉽지 않을 것이다.
   (글쎄, 나의 봉급으로, 그것은 쉽지 않을 것이다, 만드는 것은, 양끝이 만나도록)

1. 내가 그 일을 하루에 끝내는 것은 불가능하다.
   (그것은 불가능하다, 내가, 끝내는 것은, 그 일을, 하루에)
2. 나는 외국인 친구가 있으면 좋겠다.
   (그것은 좋을 것이다, 내가, 가지는 것은, 외국인 친구를)
3. 너는 우리가 수지를 맞추는 데 얼마나 걸릴 거라고 생각하니?
   (얼마나 오래, 너는 생각하니, 그것이 걸릴 거라고, 우리가, 수지를 맞추는 것이)

1. 그렇게 말해주니 정말 고마워.
   (그것은 매우 좋다, 네가, 그렇게 말하는 것은)
2. 저를 도와주시다니 매우 친절하군요.
   (매우 친절하군요, 당신이, 저를 도와주시다니)

1. 나는 그 일을 하루에 끝내는 것을 불가능하다고 생각한다.
   (나는 생각한다, 그것을 불가능하다고, 그 일을 하는 것을, 하루에)
2. 나는 거짓말하는 것은 나쁘다고 생각한다.
   (나는 생각한다, 그것을, 나쁘다고, 거짓말하는 것은)

Chapter 2

My present

Pattern 6   I was so happy to get my present.

1 감정 형용사 + to do(~하니)

1. I was so happy **to** get my present.
2. I'm sorry **to** hear that.
3. I'm sorry **to** have kept you waiting.
4. Nice **to** meet you.
5. I am glad **to** see you.

2 감정 동사 + to do(~하고서)

1. She was surprised **to** hear the news.
2. He smiled **to** see the monkey.
3. He wept **to** see the sight.

3 must be + to do(~하다니)

1. He must be a fool **to** say such a thing.
2. He must be rich **to** spend money like that.

4 cannot be + to do(~하는 것을 보니)

1. He cannot be rich **to** ask you for money.
2. You cannot be gentleman **to** speak ill of her behind her back.

Pattern Tip

1 to do 앞에 glad, happy, sorry 등 감정 형용사가 오면 to do는 '~하니'로 해석한다.
2 to do 앞에 surprise, smile, weep, rejoice, regret 등 감정 동사가 오면 to do는 '~하고서'로 해석한다.
3 to do 앞에 must be(~임에 틀림없다)가 오면 '~하다니'로 해석한다.
4 to do 앞에 cannot be(~일 리가 없다)가 오면 '~하는 것을 보니'로 해석한다.

영어식 해석

1. I was so happy(나는 너무 행복했다) to get(받아서) my present(나의 선물을).
2. I'm sorry(안 됐구나) to hear that(그것을 들으니).
3. I'm sorry(미안하다) to have kept you waiting(너를 기다리게 해서).
4. Nice(좋다) to meet you(너를 만나서).
5. I am glad(나는 기쁘다) to see you(너를 만나서).

1. She was surprised(그녀는 놀랐다) to hear the news(그 뉴스를 듣고서).
2. He smiled(그는 웃었다) to see the monkey(원숭이를 보고서).
3. He wept(그는 울었다) to see the sight(그 장면을 보고서).

1. He must be a fool(그는 바보임에 틀림없다) to say such a thing(그런 것을 말하다니).
2. He must be rich(그는 부자임에 틀림없다) to spend money(돈을 쓰다니) like that(그렇게).

1. He cannot be rich(그는 부자일 리가 없다) to ask you(너에게 요구하는 것을 보니) for money(돈을 위해).
2. You cannot be gentleman(너는 신사일 리가 없다) to speak ill of(나쁘게 말하는 것을 보니) her behind her back(그녀를 그녀의 등 뒤에서).

영어식 영작

1. 나는 선물을 받아서 너무 행복했다.
   (나는 너무 행복했다, 받아서, 나의 선물을)
2. 그 말을 들으니 유감입니다.
   (안 됐구나, 그것을 들으니)
3. 기다리게 해서 미안하다.
   (미안하다, 너를 기다리게 해서).
4. 만나서 반갑습니다.
   (좋습니다, 당신을 만나서)
5. 뵙게 돼서 기쁩니다.
   (나는 기쁩니다, 당신을 만나서)

1. 그녀는 그 뉴스를 듣고서 놀랐다.
   (그녀는 놀랐다, 그 뉴스를 듣고서)
2. 그는 원숭이를 보고서 웃었다.
   (그는 웃었다, 원숭이를 보고서)
3. 그는 그 장면을 보고서 울었다.
   (그는 울었다, 그 장면을 보고서)

1. 그가 그런 것을 말하다니 바보임에 틀림없다.
   (그는 바보임에 틀림없다, 그런 것을 말하다니)
2. 그가 그렇게 돈을 쓰다니 부자임에 틀림없다.
   (그는 부자임에 틀림없다, 돈을 쓰다니, 그렇게)

1. 그가 너에게 돈을 요구하는 것을 보니 부자일 리가 없다.
   (그는 부자일 리가 없다, 너에게 요구하는 것을 보니, 돈을 위해)
2. 너는 그녀를 그녀의 등 뒤에서 나쁘게 말하는 것을 보니 신사일 리가 없다.
   (너는 신사일 리가 없다, 나쁘게 말하는 것을 보니, 그녀를 그녀의 등 뒤에서)

Pattern 7 — He grew up to be a great businessman.

1 무의지 동사 + to do(그래서 그 결과)

1. He grew up **to** be a great businessman.
2. He awoke **to** find himself famous.
3. He lived **to** be a hundred years old.

2 ~, only to … = ~했으나 결국 …하고 말았다

1. He did his best, **only to** fail in the exam.
2. He hurried to the station, **only to** miss the train.

3 ~, never to … = ~했으나 …하지 못했다

1. He went to America, **never to** return.
2. His donkey wandered in the abyss, **never to** be found again.

Pattern Tip

1 주어 의지대로 할 수 없는 동사, 즉 'live, succeed, awake, grow' 와 같은 동사 뒤에 오는 'to do' 는 '그래서 그 결과' 로 해석한다.
2 '~, only to …' 는 '~했으나 결국 …하고 말았다' 로 해석한다.
3 '~, never to …' 는 '~했으나 …하지 못했다' 로 해석한다.

영어식 해석

1. He grew up(그는 자랐다) to be a great businessman(위대한 사업가가 되었다).
2. He awoke(그는 깨어났다) to find(발견했다) himself famous(자신이 유명하다는 것을).
3. He lived(그는 살았다) to be a hundred years old(100살이 되었다).

1. He did his best(그는 최선을 다했다), only to fail(단지 실패했다) in the exam(시험에).
2. He hurried to the station(그는 서둘러 역으로 갔다), only to miss(단지 놓쳤다) the train(그 기차를).

1. He went to America(그는 미국에 갔다), never to return(결코 돌아오지 못했다).
2. His donkey(그의 당나귀는) wandered(헤맸다) in the abyss(깊은 구렁에서), never to be found again(결코 다시는 발견되지 못했다).

영어식 영작

1. 그는 자라서 위대한 사업가가 되었다.
   (그는 자랐다, 위대한 사업가가 되었다)
2. 그는 깨어나 보니 자신이 유명해진 것을 알았다.
   (그는 깨어났다, 발견했다, 자신이 유명하다는 것을)
3. 그는 100살이 되도록 살았다.
   (그는 살았다, 100살이 되었다)

1. 그는 최선을 다 했지만 결국 시험에 떨어졌다.
   (그는 최선을 다했다, 단지 실패했다, 시험에)
2. 그는 서둘러 역으로 갔지만 결국 기차를 놓치고 말았다.
   (그는 서둘러 역으로 갔다, 단지 놓쳤다, 그 기차를)

1. 그는 미국에 갔지만 돌아오지 못했다.
   (그는 미국에 갔다, 결코 돌아오지 못했다)
2. 그의 당나귀는 깊은 구렁에서 헤맸지만 다시는 발견되지 못했다.
   (그의 당나귀는, 헤맸다, 깊은 구렁에서, 결코 다시는 발견되지 못했다)

I can't decide whether to order fish or chicken.

1 wh- + to do (~할 지)

1. I can't decide **whether to** order fish or chicken.
2. Could you tell me **how to** get to the subway.
3. I'd like to know **how to** make Susan fall in love with me.
4. They don't know **what to** do with it all.
5. Do you know **what** number **to** take?
6. The boy didn't know **which to** choose.
7. Nobody knew **which** way **to** go.

Pattern Tip

to do 앞에 what, when, where, which, who(m), how가 오면 to do는 '~할 지'로 해석한다.

영어식 해석

1. I can't decide(나는 결정할 수 없다) whether to order(어느 것을 주문해야 할지를) fish or chicken(생선 혹은 닭요리 중에서).
2. Could you tell me(나에게 말해줄 수 있나요) how to get to the subway(어떻게 지하철로 가는지).
3. I'd like to know(나는 알고 싶다) how to make(어떻게 만드는 지를) Susan fall in love with me(수잔이 나에게 사랑에 빠지도록).
4. They don't know(그들은 모른다) what to do(무엇을 해야 할 지를) with it all(그 모든 것을 가지고).
5. Do you know(당신은 아세요) what number to take(어느 번호의 버스를 타야할 지를)?
6. The boy didn't know(그 소년은 몰랐다) which to choose(어느 것을 선택해야 할 지를).
7. Nobody knew(아무도 몰랐다) which way to go(어느 길로 가야할 지를).

영어식 영작

1. 나는 생선 혹은 닭요리 중에서 어느 것을 주문해야 할지 결정할 수 없다.
   (나는 결정할 수 없다, 어느 것을 주문해야 할지, 생선 혹은 닭요리 중에서)
2. 지하철로 가는 길을 가르쳐주시겠습니까?
   (나에게 말해줄 수 있나요, 어떻게 지하철로 가는지)
3. 나는 수잔이 나에게 사랑에 빠지게 하는 방법을 알고 싶다.
   (나는 알고 싶다, 어떻게 만드는 지를, 수잔이 나에게 사랑에 빠지도록)
4. 그들은 그 모든 것으로 무엇을 해야 할지를 모른다.
   (그들은 모른다, 무엇을 해야 할 지를, 그 모든 것을 가지고)
5. 몇 번 버스를 타는지 아십니까?
   (당신은 아세요, 어느 번호의 버스를 타야할 지를?)
6. 그 소년은 어느 것을 선택해야할지 몰랐다.
   (그 소년은 몰랐다, 어느 것을 선택해야 할지를)
7. 어느 길로 가야할지 아무도 몰랐다.
   (아무도 몰랐다, 어느 길로 가야할 지를)

Pattern 9 | We are to meet here at six.

1 be동사 + to do ~시간 부사 = ~할 예정이다(예정)

1. We **are to** meet here at six.
2. He **is to** arrive here this evening.

2 be동사 + to do(의무동사) = ~해야 한다(의무)

1. We **are to** obey the law.
2. You **are to** do the work.

3 be동사 + to be +pp = ~할 수 있다(가능)

1. My house **is to** be seen from the mountain.
2. Not a man **was to** be seen.

4 be동사 + never + to do = ~할 운명이다(운명)

1. They **are** never **to** see each other again.
2. He **was** never **to** return home.

5 if ~ + be동사 + to do = ~할 작정이다(의도)

1. Work hard if you **are to** succeed.
2. If you **are to** have good friends, you must be good.

> **Pattern Tip**
>
> **1** 'be동사 + to do' 다음에 시간 부사가 오면 '~할 예정이다'로 해석한다.
> **2** 'be동사 + to do'에서 'to do'가 의무나 일과 관련된 동사일 경우 '~해야 한다'로 해석한다.
> **3** 'be동사 + to do'에서 'to do'가 수동태(be + pp)일 경우 '~할 수 있다'로 해석한다.
> **4** 'be동사 + to do'에서 be동사와 'to do' 사이에 never가 올 경우 '~할 운명이다'로 해석한다.
> **5** 'be동사 + to do' 앞에 if가 올 경우 '~할 작정이다'로 해석한다.
>
> * 'be + to do'에서 to do를 위와 같이 서술적 용법으로 해석하는 것이 자연스럽지만, to do를 '~하는 것, ~하는 사람'으로 있는 그대로 해석할 수도 있다.

영어식 해석

1. We are to meet(우리는 만날 사람이다) here at six(여기서 여섯 시에).
2. He is to arrive(그는 도착할 사람이다) here(여기에) this evening(오늘 저녁에).

1. We are to obey(우리는 준수해야 하는 사람이다) the law(그 법을).
2. You are to do(너는 해야 하는 사람이다) the work(그 일을).

1. My house(나의 집은) is to be seen(보이는 것이다) from the mountain(산에서).
2. Not a man was to be seen(아무도 보이지 않았다).

1. They are never to see(우리는 결코 만나지 못하는 사람이다) each other(서로) again(다시).
2. He was never to return(그는 결코 돌아오지 못하는 사람이었다) home(집에).

1. Work hard(열심히 일하라) if you are to succeed(네가 성공하는 사람이 되려면).
2. If you are to have(네가 가지는 사람이라면) good friends(좋은 친구들을), you must be good(너는 착해야 한다).

영어식 영작

1. 우리는 여기서 6시에 만날 예정이다.
   (우리는 만날 사람이다, 여기서 여섯 시에)
2. 그는 오늘 저녁 여기에 도착할 예정이다.
   (그는 도착할 사람이다, 여기에, 오늘 저녁에)

1. 우리는 그 법을 준수해야 한다.
   (우리는 준수해야 하는 사람이다, 그 법을)
2. 너는 그 일을 해야 한다.
   (너는 해야 하는 사람이다, 그 일을)

1. 나의 집은 산에서 볼 수 있다.
   (나의 집은, 보이는 것이다, 산에서)
2. 한 사람도 볼 수 없었다.
   (아무도 보이지 않았다)

1. 우리는 다시는 서로 만나지 못할 운명이다.
   (우리는 결코 만나지 못하는 사람이다, 서로, 다시)
2. 그는 집에 결코 돌아오지 못할 운명이었다.
   (그는 결코 돌아오지 못하는 사람이었다, 집에)

1. 네가 성공하려면 열심히 일하라.
   (열심히 일하라, 네가 성공하는 사람이 되려면)
2. 네가 좋은 친구들을 가지려면 착해야 한다.
   (네가 가지는 사람이라면, 좋은 친구들을, 너는 착해야 한다)

 **His secretary managed to get there in time.**

1 소망·기대 동사 + to do

1. If you **wish to** learn I can teach you how to fly.
2. I **hope to** see you within the next few days.
3. "I **want to** learn to fly like that," Jonathan said.
4. Did you **expect to** get a C in Prof. Brown's English literature class?

2 결정·동의 동사 + to do

1. His secretary **managed to** get there in time.
2. Sam and Susan have **decided not to** have kids at all.
3. He **refused to** discuss the question.
4. He **promised to** be here tonight.
5. Are you still **planning to** take your vacation in Hawaii next summer?

> **Pattern Tip**
>
> 부정사만 목적어로 가지는 동사에는 wish, want, hope, desire, learn 등 소망·기대 동사, decide, determine, plan, hesitate, agree, promise, refuse, pretend, manage 등 결정·동의 동사가 있다. to는 '~로 향해'라는 의미를 지니므로 to 다음의 동사에는 미래의 의미가 내포되어 있다. 따라서 소망·기대·결정·동의 등 미래의 의미를 나타내는 동사는 to 부정사를 목적어로 취한다.

영어식 해석

1. If you wish(네가 원한다면) to learn(배우기를) I can teach(나는 가르쳐줄 수 있다) you(너에게) how to fly(어떻게 나는 지를).
2. I hope(나는 희망한다) to see you(너를 보기를) within the next few days(다음 수일 내에).
3. "I want(나는 원한다) to learn(배우기를) to fly(나는 것을) like that(그같이)," Jonathan said(조나단은 말했다).
4. Did you expect(너는 기대했니) to get a C(C를 받는 것을) in Prof. Brown's English literature class(브라운 교수의 영문학 수업에서)?

1. His secretary(그의 비서는) managed(겨우 ~했다) to get(도착하는 것을) there in time(거기에 제때에).
2. Sam and Susan have decided(샘과 수잔은 결정했다) not to have kids at all(아이를 전혀 가지지 않는 것을).
3. He refused(그는 거부했다) to discuss(토의하는 것을) the question(그 문제에 대해).
4. He promised(그는 약속했다) to be here(여기에 있기로) tonight(오늘 저녁).
5. Are you still planning(너는 아직 계획하고 있니) to take your vacation(휴가 가는 것을) in Hawaii(하와이에) next summer(오는 여름에)?

영어식 영작

1. 네가 배우기를 원한다면 나는 법을 가르쳐 줄 수 있다.
   (네가 원한다면, 배우기를, 나는 가르쳐줄 수 있다, 너에게, 어떻게 나는 지를)
2. 나는 수일 내에 너를 보기를 희망한다.
   (나는 희망한다, 너를 보기를, 다음 수일 내에).
3. "나는 그같이 나는 것을 배우기를 원합니다"라고 조나단은 말했다.
   (나는 원한다, 배우기를, 나는 것을, 그같이, 조나단은 말했다)
4. 브라운 교수의 영문학 강의에서 C를 받을 거라고 예상했니?
   (너는 기대했니, C를 받는 것을, 브라운 교수의 영문학 수업에서)

1. 그의 비서는 거기에 겨우 제때 도착했다.
   (그의 비서는, 겨우 ~했다, 도착하는 것을, 거기에 제때에).
2. 샘과 수잔은 아이를 갖지 않기로 결정했다.
   (샘과 수잔은 결정했다, 아이를 전혀 가지지 않는 것을)
3. 그는 그 문제에 대해 토의하는 것을 거부했다.
   (그는 거부했다, 토의하는 것을, 그 문제에 대해)
4. 그는 오늘 저녁 여기에 오기로 약속했다.
   (그는 약속했다, 여기에 있기로, 오늘 저녁)
5. 너는 아직도 오는 여름에 하와이로 휴가를 떠날 계획이니?
   (너는 아직 계획하고 있니, 휴가 가는 것을, 하와이에, 오는 여름에)

Chapter 3

Playing cards

Pattern 11 — Playing cards is interesting.

1 -ing(~것은) + 동사

1. Play**ing** cards is interesting.
2. Just think**ing** about it makes my mouth water.
3. Creat**ing** a double eyelid is the most popular cosmetic surgery among Korean women.

2 동사 + -ing(~것을)

1. I like swimm**ing** in the river.
2. Making good grades requires study**ing** hard.

3 be동사 + -ing = ~것이다

1. Seeing is believ**ing**.
2. Learning is find**ing** out what you already know.

4 전치사 + -ing(~것)

1. In read**ing** good books, never pass a word which you don't understand.
2. He has a bad habit **of** gett**ing** up late in the morning.

Pattern Tip

1 -ing가 동사 앞에서 주어 역할을 할 경우 –ing 는 '것은' 으로 해석한다.
2 -ing가 동사 뒤에서 목적어 역할을 할 경우 –ing 는 '것을' 로 해석한다.
3 -ing가 be동사 앞에서 보어 역할을 할 경우 'be동사 + –ing' 는 '것이다' 로 해석한다.
4 -ing가 전치사 뒤에 올 경우 '~것' 으로 해석한다. of 뒤에 오는 –ing는 '~하는' 으로 해석한다.

영어식 해석

1. Playing cards(카드놀이를 하는 것은) is interesting(재미있다).
2. Just thinking about it(단지 그것에 대해 생각하는 것이) makes(만든다) my mouth(나의 입이) water(침이 돌도록).
3. Creating a double eyelid(쌍꺼풀을 만드는 것은) is the most popular cosmetic surgery(가장 유행하는 성형 수술이다) among Korean women(한국 여자들 사이에서).

1. I like(나는 좋아한다) swimming(수영하는 것을) in the river(강에서).
2. Making good grades(좋은 성적을 만드는 것은) requires(필요로 한다) studying hard(열심히 공부하는 것을).

1. Seeing(보는 것이) is believing(믿는 것이다).
2. Learning(배우는 것은) is finding out(발견하는 것이다) what you already know(당신이 이미 알고 있다는 것을).

1. In reading(읽는 것에 있어) good books(좋은 책들을), never pass(결코 지나가지 마라) a word(한 단어도) which you don't understand(당신이 이해하지 못하는).
2. He has(그는 가지고 있다) a bad habit(나쁜 습관을) of getting up late(늦게 일어나는) in the morning(아침에).

영어식 영작

1. 카드놀이를 하는 것은 재미있다.
   (카드놀이를 하는 것은, 재미있다)
2. 생각만 해도 군침이 돈다.
   (단지 그것에 대해 생각하는 것이, 만든다, 나의 입이, 침이 돌도록)
3. 쌍꺼풀 수술은 한국 여성들에게 가장 인기 있는 성형 수술이다.
   (쌍꺼풀을 만드는 것은, 가장 유행하는 성형 수술이다, 한국 여자들 사이에서)

1. 나는 강에서 수영하는 것을 좋아한다.
   (나는 좋아한다, 수영하는 것을, 강에서)
2. 좋은 성적을 얻는 것은 열심히 공부하는 것을 필요로 한다.
   (좋은 성적을 만드는 것은, 필요로 한다, 열심히 공부하는 것을)

1. 보는 것이 믿는 것이다.
   (보는 것이, 믿는 것이다)
2. 배우는 것은 당신이 이미 알고 있다는 것을 발견하는 것이다.
   (배우는 것은, 발견하는 것이다, 당신이 이미 알고 있다는 것을)

1. 좋은 책을 읽는 데 있어, 당신이 이해하지 못하는 단어는 하나도 그냥 지나치지 말라.
   (읽는 것에 있어, 좋은 책들을, 결코 지나가지 말라, 한 단어도, 당신이 이해하지 못하는)
2. 그는 아침에 늦게 일어나는 나쁜 습관을 가지고 있다.
   (그는 가지고 있다, 나쁜 습관을, 늦게 일어나는, 아침에)

Pattern 12   **I don't like his smoking here.**

1 소유격 + -ing = ~가 …하는 것을

1. I don't like **his** smok**ing** here.
2. **I** don't like go**ing** to such a place.
3. I don't like **your** go**ing** to such a place.
4. The rain prevented **my** go**ing** out.

2 목적격 + -ing = ~가 …하는 것을

1. I don't like **my sister** go**ing** to such a place.
2. He doesn't like **me** go**ing** to such a place.

Pattern Tip

동명사의 의미상의 주어는 소유격으로 표시하지만 현대 영어에서는 의미상의 주어로 목적격을 더 많이 쓰는 경향이 있다. 해석은 '~가 …하는 것을'로 한다.

영어식 해석

1. I don't like(나는 좋아하지 않는다) his smoking(그가 담배 피우는 것을) here(여기에서).
2. I don't like(나는 좋아하지 않는다) going(가는 것을) to such a place(그런 장소로).
3. I don't like(나는 좋아하지 않는다) your going(너의 가는 것을) to such a place(그런 장소로).
4. The rain prevented(비는 방해했다) my going out(내가 외출하는 것을).

1. I don't like(나는 좋아하지 않는다) my sister going(나의 누이가 가는 것을) to such a place(그런 장소로).
2. He doesn't like(그는 좋아하지 않는다) me going(내가 가는 것을) to such a place(그런 장소로).

영어식 영작

1. 나는 그가 여기에서 담배 피우는 것을 좋아하지 않는다.
   (나는 좋아하지 않는다, 그가 담배 피우는 것을, 여기에서)
2. 나는 그런 곳에 가는 것을 좋아하지 않는다.
   (나는 좋아하지 않는다, 가는 것을, 그런 장소로)
3. 나는 네가 그런 곳에 가는 것을 좋아하지 않는다.
   (나는 좋아하지 않는다, 네가 가는 것을, 그런 장소로)
4. 나는 비 때문에 외출하지 못했다.
   (비는 방해했다, 내가 외출하는 것을)

1. 나는 내 여동생이 그런 곳에 가는 것을 좋아하지 않는다.
   (나는 좋아하지 않는다, 나의 누이가 가는 것을, 그런 장소로)
2. 그는 내가 그런 곳에 가는 것을 좋아하지 않는다.
   (그는 좋아하지 않는다, 내가 가는 것을, 그런 장소로)

Pattern 13 — Would you mind closing the door?

(1) 동사 + -ing

1 완료동사 + -ing

1. I've just **finished** tak**ing** my math final.
2. I once **quit** drink**ing**, but I'm off the wagon now.
3. He **gave up** drink**ing** by the doctor's advice.

2 회피·연기동사 + -ing

1. Would you **mind** clos**ing** the door?
2. I don't **mind** tak**ing** the bus.
3. You had better **avoid** keep**ing** company with him.
4. The child barely **escaped** be**ing** run over.
5. She **missed** see**ing** that film.
6. You must not **postpone** answer**ing** his letter any longer.

3 인정·부인동사 + -ing

1. He **admitted** hav**ing** done wrong.
2. I don't **permit** smok**ing** here.
3. She **denied** know**ing** anything about it.
4. She **resisted** be**ing** kissed.

4 감정동사·기타 + -ing

1. He **enjoys** read**ing** a novel.
2. I **dislike** be**ing** alone.
3. I bet you **regret** not marry**ing** him.
4. The Smiths are **consider**ing mov**ing** to New York.
5. I can't **imagine** marry**ing** such a girl.
6. I really **appreciate** your offer**ing** to help.
7. I **practice** mak**ing** the sounds of English.

Pattern Tip

to는 '~로 향해'라는 의미를 지니므로 to 다음의 동사에는 대체로 미래의 의미가 내포되어 있는 데 반해, -ing에는 대체로 현재 진행과 과거의 의미가 내포되어 있다. 완료·회피·연기·인정·부인 등 진행이나 과거의 의미가 내포된 동사 다음에는 -ing가 온다.

1 완료 : finish, quit, give up
2 회피·연기 : avoid, escape, miss(놓치다), mind(꺼리다), postpone, put off
3 인정·부인 : admit, permit, deny, resist(저항하다)
4 감정·기타 : enjoy, dislike, regret, consider, imagine, appreciate, practice

> **영어식 해석**

1. I've just finished(나는 방금 마쳤다) taking my math final(나의 수학 기말 시험을 치르는 것을).
2. I once quit(나는 한때 그만뒀다) drinking(마시는 것을), but I'm off the wagon(그러나 나는 그 마차에서 내렸다) now(이제는).
3. He gave up(그는 포기했다) drinking(술 마시는 것을) by the doctor's advice(의사의 충고에 의해).

1. Would you mind(당신은 꺼리십니까) closing the door(문을 닫는 것을)?
2. I don't mind(나는 꺼리지 않아) taking the bus(버스 타는 것을).
3. You had better avoid(너는 피하는 것이 좋다) keeping company with him(그와 사귀는 것을).
4. The child barely escaped(그 아이는 겨우 피했다) being run over(차에 치이는 것을).
5. She missed(그녀는 놓쳤다) seeing(보는 것을) that film(그 영화를).
6. You must not postpone(너는 미루어서는 안 된다) answering his letter(그의 편지에 답장하는 것을) any longer(더 이상).

1. He admitted(그는 시인했다) having done wrong(잘못했다는 것을).
2. I don't permit(나는 허락하지 않는다) smoking(담배 피우는 것을) here(여기서).
3. She denied(그녀는 부인했다) knowing(안다는 것을) anything about it(그것에 대해 어떤 것을).
4. She resisted(그녀는 저항했다) being kissed(키스당하는 것에).

1. He enjoys(그는 즐긴다) reading(읽는 것을) a novel(소설을).
2. I dislike(나는 싫어한다) being alone(혼자 있는 것을).
3. I bet(나는 내기 건다) you regret(네가 후회할 거라고) not marrying him(그와 결혼하지 않은 것을).
4. The Smiths(스미스 댁은) are considering(고려하고 있다) moving(이사 가는 것을) to New York(뉴욕으로).

5. I can't imagine(나는 상상할 수 없다) marrying(결혼하는 것을) such a girl(그런 소녀와).
6. I really appreciate(나는 정말 감사한다) your offering(너의 제안을) to help(도와주겠다는).
7. I practice(나는 연습한다) making the sounds of English(영어의 소리를 내는 것을).

영어식 영작

1. 나는 방금 수학 기말 시험을 끝냈다.
   (나는 방금 마쳤다, 수학 기말 시험을 치는 것을)
2. 한 때 술을 끊었지만 이제 다시 마신다.
   (나는 한때 그만뒀다, 마시는 것을, 그러나 나는 그 마차에서 내렸다, 이제는)
3. 그는 의사의 충고에 따라 음주를 포기했다.
   (그는 포기했다, 술 마시는 것을, 의사의 충고에 의해)

1. 문 좀 닫아주시겠습니까?
   (당신은 꺼리십니까, 문을 닫는 것을)
2. 나는 버스 타는 것을 싫어하지 않는다.
   (나는 꺼리지 않는다, 버스 타는 것을)
3. 그녀는 그 영화 보는 것을 놓쳤다.
   (그녀는 놓쳤다, 보는 것을, 그 영화를)
4. 너는 그와 사귀는 것을 피하는 것이 좋다.
   (너는 피하는 것이 좋다, 그와 사귀는 것을)
5. 그 아이는 가까스로 차에 치이는 것을 피했다.
   (그 아이는 겨우 피했다, 차에 치이는 것을)
6. 너는 그의 편지에 답장하는 것을 더 이상 미루어서는 안 된다.
   (너는 미루어서는 안 된다, 그의 편지에 답장하는 것을, 더 이상)

1. 그는 잘못했다는 것을 시인했다.
   (그는 시인했다, 잘못했다는 것을)

2. 나는 여기서 담배 피우는 것을 허락하지 않는다.
   (나는 허락하지 않는다, 담배 피우는 것을, 여기서).
3. 그녀는 그것에 대해 아는 바 없다고 말했다.
   (그녀는 부인했다, 안다는 것을, 그것에 대해 어떤 것을).
4. 그녀는 키스당하는 것에 저항했다.
   (그녀는 저항했다, 키스당하는 것에)

1. 그는 소설 읽기를 즐긴다.
   (그는 즐긴다, 읽는 것을, 소설을)
2. 나는 혼자 있는 것을 싫어한다.
   (나는 싫어한다, 혼자 있는 것을)
3. 나는 네가 그와 결혼하지 않은 것을 후회할 거라고 확신해.
   (나는 내기 건다, 네가 후회할 거라고, 그와 결혼하지 않은 것을)
4. 스미스 부부는 뉴욕으로 이사 가는 것을 고려하고 있다
   (스미스 댁은, 고려하고 있다, 이사 가는 것을, 뉴욕으로)
5. 나는 그런 소녀와 결혼하는 것을 상상할 수 없다.
   (나는 상상할 수 없다, 결혼하는 것을, 그런 소녀와)
6. 나는 도와주겠다는 너의 제안에 정말 감사한다.
   (나는 정말 감사한다, 너의 제안을, 도와주겠다는)
7. 나는 영어를 소리 내어 연습한다.
   (나는 연습한다, 영어의 소리를 내는 것을)

(2) 시작 · 호불호 동사 + -ing, to do

1 뜻의 차이가 없는 경우

1. He **began to** write a letter.
   = He **began** writ**ing** a letter.
2. The water is **beginning**[starting] **to** boil.(진행형)
3. It **began**[start] **to** thunder.(무생물 주어)
4. I **continued to** read at home all day.
   = I **continued** read**ing** at home all day.

2 뜻의 차이가 있는 경우

1. He **stopped** smok**ing**.(3형식)
2. He **stopped to** smoke.(1형식)
3. He **tried to** move the piano.
4. He **tried** mov**ing** the piano.
5. I will never **forget** see**ing** her at the party.(과거)
6. Don't **forget to** attend the meeting.(미래)
7. I **remember** see**ing** her before.(과거)
   = I remember that I saw her before.
8. I **remember to** see her tomorrow.(미래)
   = I remember that I will see her tomorrow.

Pattern Tip

begin, continue, start, hate, like, love, prefer, neglect 등 '시작·호불호(좋아하고 싫어하는 것)'를 의미하는 동사는 목적어로 부정사와 동명사를 모두 취할 수 있다. to do에는 대체로 미래의 의미가, doing에는 과거의 의미가 내포돼 있다.

영어식 해석

1. He began(그는 시작했다) to write(쓰는 것을) a letter(편지를).
2. The water(그 물은) is beginning[starting](시작하고 있다) to boil(끓기를).
3. It began[start](그것은 시작했다) to thunder(천둥치기를).
4. I continued(나는 계속했다) to read(읽는 것을) at home all day(집에서 하루 종일).

1. He stopped(그는 멈추었다) smoking(담배 피우는 것을).
2. He stopped(그는 멈추었다) to smoke(담배를 피우기 위해).
3. He tried(그는 애썼다) to move(옮기기 위해) the piano(그 피아노를).
4. He tried(그는 시험했다) moving(옮기는 것을) the piano(그 피아노를).
5. I will never forget(나는 결코 잊지 못할 것이다) seeing her(그녀를 본 것을) at the

party(파티에서).
6. Don't forget(잊지 마라) to attend(참석하는 것을) the meeting(파티에).
7. I remember(나는 기억한다) seeing her(그녀를 본 것을) before(전에).
8. I remember(나는 기억한다) to see her(그녀를 만날 것을) tomorrow(내일).

영어식 영작

1. 그는 편지 쓰는 것을 시작했다.
   (그는 시작했다, 쓰는 것을, 편지를)
2. 물이 끓기 시작하고 있다.
   (그 물은, 시작하고 있다, 끓기를)
3. 천둥이 치기 시작했다.
   (그것은 시작했다, 천둥치기를)
4. 나는 집에서 하루 종일 책 읽는 것을 계속했다.
   (나는 계속했다, 읽는 것을, 집에서 하루 종일)

1. 그는 담배 피우는 것을 멈추었다.
   (그는 멈추었다, 담배 피우는 것을)
2. 그는 담배 피우기 위해 멈추었다.
   (그는 멈추었다, 담배를 피우기 위해)
3. 그는 피아노를 옮기기 위해 애썼다.
   (그는 애썼다, 옮기기 위해, 그 피아노를)
4. 그는 시험 삼아 피아노를 옮겼다.
   (그는 시험했다, 옮기는 것을, 그 피아노를)
5. 나는 파티에서 그녀를 본 것을 결코 잊지 못할 것이다.
   (나는 결코 잊지 못할 것이다, 그녀를 본 것을, 파티에서)
6. 파티에 참석하는 것을 잊지 마라.
   (잊지 마라, 참석하는 것을, 파티에)
7. 나는 전에 그녀를 본 것을 기억한다.
   (나는 기억한다, 그녀를 본 것을, 전에)
8. 나는 내일 그녀를 만날 것을 기억한다.
   (나는 기억한다, 그녀를 만날 것을, 내일)

Pattern 14   **It was an exciting day.**

1 −ing(~하는, ~하게하는) + 명사

1. It was an excit**ing** day.
2. Don't wake the sleep**ing** baby.
* a sleeping baby = a baby who is sleeping
* a sleeping car(침대차) = a car is used for sleeping
3. Who is the cry**ing** boy?
4. They saw man-eat**ing** lions and funny-look**ing** elephants.

2 −ed, −en(~된, ~하여진) + 명사

1. The wound**ed** soldiers were sent to the hospital.
2. The newly-**wed** couple went on a honeymoon.
3. The brown-ey**ed** man fell in love with the blond-hair**ed** woman.

Pattern Tip

1. '–ing(현재분사) + 명사'에서 –ing는 능동·사역의 의미를 나타내 '~하는, ~하게 하는'으로 해석한다. 분사는 동사와 형용사의 구실을 하고 동명사는 동사와 명사의 구실을 한다. 따라서 –ing가 용도나 목적을 의미할 경우에는 동명사에 해당한다.
2. '–ed(과거분사) + 명사'에서 –ed는 수동의 의미를 나타내 '~된, ~하여진'으로 해석한다.

영어식 해석

1. It was an exciting day(그날은 흥분되는 하루였다).
2. Don't wake(깨우지 마라) the sleeping baby(잠자는 아기를).
* a sleeping baby(잠자는 아기) = a baby who is sleeping
* a sleeping car(침대차) = a car is used for sleeping
3. Who is(누구이니) the crying boy(우는 소년은)?
4. They saw(그들은 보았다) man-eating lions(식인 사자들) and funny-looking elephants(그리고 재미있게 생긴 코끼리들을).

1. The wounded soldiers(그 부상당한 군인들은) were sent(보내졌다) to the hospital(병원으로).
2. The newly-wed couple(신혼부부는) went on a honeymoon(신혼여행을 갔다).
3. The brown-eyed man(갈색 눈을 가진 남자는) fell in love(사랑에 빠졌다) with the blond-haired woman(금색 머리를 가진 여자와).

영어식 영작

1. 흥겨운 하루를 보냈다.
   (그날은 흥분되는 하루였다)
2. 잠자고 있는 어린이를 깨우지 마시오.
   (깨우지 마라, 잠자는 아기를)
3. 저 울고 있는 소년은 누구냐?
   (누구이니, 우는 소년은)
4. 그들은 식인 사자들과 재미있게 생긴 코끼리들을 보았다.
   (그들은 보았다, 식인 사자들, 그리고 재미있게 생긴 코끼리들을)

1. 부상당한 군인들은 병원으로 보내졌다.
   (그 부상당한 군인들은, 보내졌다, 병원으로)
2. 신혼부부는 신혼여행을 갔다.
   (신혼부부는, 신혼여행을 갔다)
3. 갈색 눈의 남자가 금발 여자와 사랑에 빠졌다.
   (갈색 눈을 가진 남자는, 사랑에 빠졌다, 금색 머리를 가진 여자와)

Pattern 15 — I like the picture painted in water colors.

1 명사 + -ing(~하는, ~하고 있는) + 수식어

1. The man sit**t**ing over there is a famous novelist.
2. Is this your first time visit**ing** Korea?
3. Give me a room look**ing** out on the downtown area, if possible.
4. Your bill comes to 100 dollars includ**ing** the tax and the service charge.
5. This is Katharine Smith report**ing** live from the Channel 10 Helicopter.
6. He has been having a little trouble keep**ing** pace with his other classmates.
7. Your reservation is made for flight 102 leav**ing** for Los angeles Saturday at 4 p.m.

2 명사 + -ed(~하게 된, ~하여진) + 수식어

1. I like the picture paint**ed** in water colors.
2. The boy reads the Bible (that is) writt**en** in English.
3. The man arrest**ed** by the police last week died in jail.

3 명사 + 형용사(~한) + 수식어

1. Do you have anything smaller in the same color?
2. There's something good for you.

Pattern Tip

1 -ing는 뒤에 수식어구가 오면 명사 뒤에 놓인다. 명사와 -ing 사이에 'that be'나 'Who be'를 넣을 수 있다. -ing는 진행이나 미래의 의미를 지니므로 '~하(고 있)는'으로 해석된다.

2 -ed도 뒤에 수식어구가 오면 명사 뒤에 놓인다. 명사와 -ed 사이에 'that be'나 'Who be'를 넣을 수 있다. ed는 수동의 의미를 지니므로 '~하게 된, ~하여진'으로 해석한다.

3 형용사도 뒤에 수식어구가 올 때는 명사 뒤에 온다. 명사와 형용사 사이에 'that be'나 'Who be'를 넣을 수 있다. 형용사는 상태를 나타내므로 '~한'으로 해석한다.

영어식 해석

1. The man(그 남자는) sitting over there(저기에 앉아있는) is a famous novelist(유명한 소설가다).
2. Is this your first time(이것은 첫 번째이니) visiting Korea(한국을 방문하는)?
3. Give me a room(나에게 방을 주세요) looking out(바깥을 바라보는) on the downtown area(시내 구역 위), if possible(가능하면).
4. Your bill(너의 계산서는) comes to 100 dollars(100달러로 온다) including(포함하는) the tax and the service charge(세금과 서비스 요금을).
5. This is Katharine Smith(저는 캐서린 스미스입니다) reporting(보도하고 있는) live(생방송으로) from the Channel 10 Helicopter(채널 10 헬리콥터로부터).
6. He has been having(그는 가지고 있었다) a little trouble(약간의 문제를) keeping pace(보조를 맞추는) with his other classmates(그의 다른 급우들과).
7. Your reservation is made(당신의 예약은 만들어졌습니다) for flight 102(102편을 위해) leaving(출발하는) for Los angeles(로스앤젤레스를 위해) Saturday at 4 p.m(토요일 오후 4시에).

1. I like(나는 좋아한다) the picture(그림을) painted(그려진) in water colors(수채화 물감으로).
2. The boy reads(그 소년은 읽는다) the Bible(성경을) written(쓰인) in English(영어로).
3. The man(그 남자는) arrested(체포된) by the police(경찰에 의해) last week(지난주에) died(죽었다) in jail(감옥에서).

1. Do you have(당신은 가지고 있나요) anything(어떤 것을) smaller(더 작은) in the same color(같은 색깔로)?
2. There's something(뭔가가 있습니다) good(좋은) for you(당신을 위해).

영어식 영작

1. 저기에 앉아있는 남자는 유명한 소설가다.
   (그 남자는, 저기에 앉아있는, 유명한 소설가다)
2. 한국에는 처음 오셨습니까?
   (이것이 첫 번째이니, 한국을 방문하는)
3. 가능하면 시내 중심가를 바라다 볼 수 있는 방을 주세요.
   (나에게 방을 주세요, 바깥을 바라보는, 시내 구역 위, 가능하면)
4. 세금과 서비스 요금을 포함해서 100달러입니다.
   (너의 계산서는, 100달러로 온다, 포함하는, 세금과 서비스 요금을)
5. 채널 10의 헬기에서 캐서린 스미스가 실황으로 전해드립니다.
   (저는 캐서린 스미스입니다, 보도하고 있는, 생방송으로, 채널 10 헬리콥터로부터)
6. 그는 다른 학급 애들을 따라가는 데 약간 애를 먹고 있었다.
   (그는 가지고 있었다, 약간의 문제를, 보조를 맞추는, 그의 다른 급우들과)
7. 토요일 오후 4시 로스앤젤레스로 향하는 102편이 예약됐습니다.
   (당신의 예약은 만들어졌습니다, 102편을 위해, 출발하는, 로스앤젤레스를 위해, 토요일 오후 4시에)

1. 나는 수채화 물감으로 그려진 그림을 좋아한다.
   (나는 좋아한다, 그림을, 그려진, 수채화 물감으로)
2. 그 소년은 영어로 쓰인 성경을 읽는다.
   (그 소년은 읽는다, 쓰인, 영어로)
3. 지난주에 경찰에 의해 체포된 그 남자는 감옥에서 죽었다.
   (그 남자는, 체포된, 경찰에 의해, 지난주에, 죽었다, 감옥에서).

1. 같은 색깔로 좀 더 작은 치수 있습니까?
   (당신은 가지고 있나요, 어떤 것을, 더 작은, 같은 색깔로)
2. 손님에게 딱 맞는 게 있습니다.
   (뭔가가 있습니다, 좋은, 당신을 위해)

Chapter 4

A friend

Walking along the street, I met a friend.

`-ing ~, S = ~하는 S`

1 시간 · 때: when, as(~할 때), while(~하는 동안), after(~한 후에)

1. Walk**ing** along the street, I met a friend.
   = While I was walking along the street, I met a friend.
2. See**ing** me, he ran away.
   = When he saw me, he ran away.
3. Finish**ing** the work, we watched the soccer game on TV.
   = After we finished the work, we watched the soccer game on TV.

2 원인 · 이유: as, because, since(~ 때문에)

1. Hav**ing** no money with me, I can't help you.
   = As I have no money with me, I can't help you.
2. Feel**ing** tired, I will stay at home.
   = As I feel tired, I'll stay at home.

3 조건: If(~한다면)

1. Turn**ing** to the left, you will find the post office.
   = If you turn to the left, you will find the post office.
2. Prais**ed** by his teacher, he would study harder.
   = If he were praised by his teacher, he would study harder.

4 양보: though, although, even if(비록 ~할지라도, ~한다 하더라도)

1. Liv**ing** near the sea, I cannot swim.
   = Though I live near the sea, I cannot swim.
2. Be**ing** invited to the party, she didn't come.
   = Though she was invited to the party, she didn't come.

5 동시동작: while, as(~하면서)

1. Smil**ing** brightly, she came up to me.
   = She came up to me while she smile brightly.
2. Listen**ing** to music, he did his homework.
   = As he was listening to music, he did his homework.

Pattern Tip

'-ing ~, S'에서 -ing는 시간·원인·이유·조건·양보·계속·동시동작으로 엄격하게 구분하기는 어려우므로, 있는 그대로 '~하는 + S'로 해석하는 것이 훨씬 간단명료하다. 만약 글쓴이가 시간·이유·조건 등을 분명히 표시할 의도가 있었다면 분사구문을 쓰지 않고 'when / as / if + 주어 + 동사'로 표현했을 것이다.

> 영어식 해석

1. Walking along the street(길을 따라 걷는), I(나는) met(만났다) a friend(한 친구를).
2. Seeing me(나를 보는), he(그는) ran away(도망쳤다).
3. Finishing the work(그 일을 끝낸), we(우리는) watched(시청했다) the soccer game(축구경기를) on TV(TV에서).

1. Having no money with me(돈을 가지고 있지 않은), I(나는) can't help you(너를 도울 수 없다).
2. Feeling tired(피곤함을 느끼는), I(나는) will stay(머물 것이다) at home(집에).

1. Turning to the left(왼쪽으로 도는), you(너는) will find(발견할 것이다) the post office(우체국을).
2. Praised by his teacher(선생님에 의해 칭찬을 받은), he(그는) would study harder(더 열심히 공부할 것이다).

1. Living near the sea(바닷가에 사는), I(나는) cannot swim(수영할 수 없다).
2. Being invited to the party(파티에 초대받은), she(그녀는) didn't come(오지 않았다).

1. Smiling brightly(밝게 웃는), she(그녀는) came up(다가왔다) to me(나에게).
2. Listening to music(음악을 듣는), he(그는) did his homework(그의 숙제를 했다).

영어식 영작

1. 나는 거리를 걷다가 친구를 만났다.
   (길을 따라 걷는, 나는, 만났다, 한 친구를)
2. 그는 나를 보았을 때 도망쳤다.
   (나를 보는, 그는, 도망쳤다)
3. 일을 끝낸 후에 우리는 TV에서 축구 경기를 보았다.
   (그 일을 끝낸, 우리는, 시청했다, 축구경기를, TV에서)

1. 나는 돈이 없기 때문에 너를 도울 수 없다.
   (돈을 가지고 있지 않은, 나는, 너를 도울 수 없다)
2. 나는 피곤하기 때문에 집에 머물 것이다.
   (피곤함을 느끼는, 나는, 머물 것이다, 집에

1. 왼쪽으로 돌면 우체국이 나올 것이다.
   (왼쪽으로 도는, 너는, 발견할 것이다, 우체국을)
2. 선생님으로부터 칭찬을 받으면 그는 더 열심히 공부할 것이다.
   (선생님에 의해 칭찬을 받은, 그는, 더 열심히 공부할 것이다)

1. 바닷가에 살지만 나는 수영을 할 줄 모른다.
   (바닷가에 사는, 나는, 수영할 수 없다)
2. 파티에 초대를 받았지만 그녀는 참석하지 않았다.
   (파티에 초대받은, 그녀는, 오지 않았다)

1. 밝게 웃으면서 그녀는 나에게 다가왔다. (밝게 웃는, 그녀는, 다가왔다, 나에게)
2. 그는 음악을 들으면서 그의 숙제를 하였다.
   (음악을 듣는, 그는, 그의 숙제를 했다)

Compared to our house, his mansion is a palace.

1 (Being) + -ed, -en ~ , S = ~된 S

1. (Being) Compar**ed** to our small apartment, our uncle's house seemed like a palace.

   = If it was compared to our small apartment, our uncle's house seemed like a palace.

2. (Being) **Left** alone, the girl began to sob.

   = When she was left alone, the girl began to sob.

3. (Being) uncontroll**ed**, the forces of nature may be dangerous and destructive, but once mastered, they can be bent to man's will and desire.

   = If they are uncontrolled, ~.

2 (Having been) + -ed, -en ~ , S = ~된 S

1. (Having been)Written in haste, the book has some faults.
   = As it was written in haste, the book has some faults.
2. (Having been) **born** in better times, he would have become famous.
   = If he had been born in better times, he would have become famous.

> **Pattern Tip**
>
> '-ed, -en ~, S'에서 문장 앞에는 Being이나 Having been(주절의 시제보다 앞선 경우에 사용)이 생략돼 있다. '-ed, -en ~, S'에서 -ed, -en은 시간·원인·이유·조건·양보·계속·동시동작으로 엄격히 구분하기 힘들므로, 있는 그대로 '~된 + S'로 해석하는 것이 훨씬 간단명료하다.

영어식 해석

1. Compared to our small apartment(우리의 작은 아파트와 비교된), our uncle's house(우리 삼촌의 집은) seemed(보였다) like a palace(궁전처럼).
2. (Being) Left alone(혼자 남겨진), the girl(소녀는) began to sob(흐느끼기 시작했다).
3. (Being) uncontrolled(제어되지 않은), the forces of nature(자연의 힘들은) may be dangerous and destructive(위험하고 파괴적일지 모른다), but once mastered(그러나 일단 정복된), they(그것들은) can be bent(구부려질 수 있다) to man's will and desire(인간의 의지와 소망대로).

1. (Having been)Written in haste(급하게 쓰인), the book(그 책은) has some faults(몇 가지 오류들을 가지고 있다).
2. (Having been) born in better times(더 좋은 시대에 태어난), he(그는) would have become famous(유명해졌을 것이다).

영어식 영작

1. 우리의 작은 아파트에 비하면 우리 삼촌 집은 궁전 같았다.
   (우리의 작은 아파트와 비교된, 우리 삼촌의 집은, 보였다, 궁전처럼)
2. 혼자 남겨졌을 때 소녀는 흐느끼기 시작했다.
   (혼자 남겨진, 소녀는, 흐느끼기 시작했다)
3. 자연의 힘은 제어되지 않으면 위험하고 파괴적일지 모르지만 일단 정복되면 인간의 의지와 소망대로 따르게 된다.
   (제어되지 않은, 자연의 힘들은, 위험하고 파괴적일지 모른다, 그러나 일단 정복된, 그것들은, 구부려질 수 있다, 인간의 의지와 소망대로)

1. 급하게 쓰였기 때문에 그 책은 몇 가지 오류들을 가지고 있다.
   (급하게 쓰인, 그 책은, 몇 가지 오류들을 가지고 있다)
2. 좀 더 나은 시대에 태어났더라면, 그는 유명해졌을 텐데.
   (더 좋은 시대에 태어난, 그는, 유명해졌을 것이다)

We took a walk together, enjoying the autumn leaves.

1 콤마(,) + -ing = 그리고 ~하다

1. We took a walk together, enjoy**ing** the autumn leaves.
   = We took a walk together, and enjoyed the autumn leaves.
2. We started in the morning, arriv**ing** in Seoul at seven.
   = We started in the morning, and arrived in Seoul at seven.
3. "Romeo," he replied, stepp**ing** out from the shade into the moonlight.
4. Two cars collided head-on, total**ing** each other.
5. The Dow Jones index rose twelve points today in heavy trading, reach**ing** a monthly high of 10,123.

2 콤마(,) + 명사 + -ing = 그리고 명사는 ~하다

1. He was reading a book, his wife knitt**ing** beside him.
   = He was reading a book, and his wife was knitting beside him.
2. He went out for a walk, his dog follow**ing** behind.
   = He went out for a walk, and his dog followed behind.

Pattern Tip

1 쉼표(,) 다음에 –ing가 온 경우 연속 동작을 나타내므로 '그리고 ~하다'로 해석한다.

2 '콤마(,) + 명사 + –ing'에서 명사는 –ing의 주어 역할을 하므로 '그리고 명사는 ~하다'로 해석한다.

영어식 해석

1. We took a walk(우리는 산보했다) together(함께), enjoying(그리고 즐겼다) the autumn leaves(가을 단풍을).

2. We started(우리는 출발했다) in the morning(아침에), arriving(그리고 도착했다) in Seoul(서울에) at seven(일곱 시에).

3. "Romeo," (로미오) he replied(그는 대답했다), stepping out(그리고 걸어 나왔다) from the shade(그늘로부터) into the moonlight(달빛 속으로).

4. Two cars(두 차가) collided(충돌했다) head-on(정면으로), totaling(그리고 박살냈다) each other(서로를).

5. The Dow Jones index(다우존스지수는) rose(올랐다) twelve points(12포인트) today(오늘) in heavy trading(무거운 거래 속에), reaching(그리고 도달했다) a monthly high of 10,123(한달 최고인 10,123에).

1. He was reading(그는 읽고 있었다) a book(책을), his wife knitting(그리고 그의 아내는 뜨개질을 하고 있었다) beside him(그의 옆에서).

2. He went out(그는 밖으로 나갔다) for a walk(산책을 위해), his dog following behind(그리고 그의 개는 뒤를 따랐다).

영어식 영작

1. 우리는 함께 산책했다, 그리고 가을 단풍을 즐겼다.
   (우리는 산책했다, 함께, 그리고 즐겼다, 가을 단풍을)
2. 우리는 아침에 출발했다, 그리고 일곱 시에 서울에 도착했다.
   (우리는 출발했다, 아침에, 그리고 도착했다, 서울에, 일곱 시에).
3. "로미오입니다" 그가 대답했다, 그리고 그늘에서 달빛 속으로 걸어 나왔다.
   (로미오, 그는 대답했다, 그리고 걸어 나왔다, 그늘로부터, 달빛 속으로)
4. 두 차가 정면충돌해 모두 크게 부서졌다.
   (두 차가, 충돌했다, 정면으로, 그리고 박살냈다, 서로를)
5. 오늘 증시 종합지수는 대량 거래 속에 12포인트 상승해 이달 들어 최고치인 10,123을 기록했습니다.
   (다우존스지수는, 올랐다, 12포인트, 오늘, 무거운 거래 속에, 그리고 도달했다, 한달 최고인 10,123에)

1. 그는 책을 읽고 있었고 그의 아내는 그의 옆에서 뜨개질을 하고 있었다.
   (그는 읽고 있었다, 책을, 그리고 그의 아내는 뜨개질을 하고 있었다, 그의 옆에서)
2. 그는 산책하러 나갔고 그의 개는 뒤를 따랐다.
   (그는 밖으로 나갔다, 산책을 위해, 그리고 그의 개는 뒤를 따랐다)

Pattern 19 · The sun having set, we came down the hill.

1 명사 + -ing ~, S(주어) … = ~가 …다, ~가 …다

1. The sun hav**ing** set, we came down the hill.
   = After the sun had set, we came down the hill.
2. Our dinner be**ing** over, we went out for a walk.
   = When our dinner was over, we went out for a walk.

2 with + 명사 + 분사(전명구) = ~가(을) …하는 채

1. She looked at me **with** tears runn**ing** down her cheeks.
2. **With** an eye bandag**ed**, I could not write properly.
3. Don't leave the room **with** the window **open**.

Pattern Tip

1 분사의 의미상 주어와 문장의 주어가 다른 경우 오해를 피하려면 분사의 의미상의 주어를 표시해주어야 한다. -ing 앞에 명사가 올 경우, 그 명사가 -ing의 주어다. 따라서 '명사 + -ing ~, S(주어) … '는 '~가 …다, ~가 …다'로 이해하는 것이 좋다. 문맥에 따라 시간·원인·이유·조건·양보 등으로 해석할 수도 있다.

2 '명사 + -ing(전명구)' 앞에 with(함께)가 올 경우 동시 동작을 나타내므로 '~가(을) …하는 채'로 해석한다.

영어식 해석

1. The sun having set(해가 졌다), we came down(우리는 내려왔다) the hill(언덕을).
2. Our dinner being over(우리의 식사가 끝났다), we went out(우리는 나갔다) for a walk(걷기 위해).

1. She looked at me(그녀는 나를 쳐다보았다) with tears running down(눈물이 흘러내리는 채) her cheeks(그녀의 뺨에).
2. With an eye bandaged(눈에 붕대를 한 채), I could not write(나는 쓸 수 없었다) properly(제대로).
3. Don't leave the room(방을 떠나지 마라) with the window open(창문을 열어둔 채).

영어식 영작

1. 해가 져서 우리는 언덕을 내려왔다.
   (해가 졌다, 우리는 내려왔다, 언덕을)
2. 식사가 끝난 후 우리는 산책을 나갔다.
   (우리의 식사가 끝났다, 우리는 나갔다, 걷기 위해)

1. 그녀는 눈물을 흘리면서 나를 쳐다보았다.
   (그녀는 나를 쳐다보았다, 눈물이 흘러내리는 채, 그녀의 뺨에)
2. 한쪽 눈이 붕대로 감겨져 있어 나는 제대로 쓸 수 없었다.
   (눈에 붕대를 한 채, 나는 쓸 수 없었다, 제대로)
3. 창문을 열어둔 채 방을 떠나지 마라.
   (방을 떠나지 마라, 창문을 열어둔 채)

Pattern 20   Frankly speaking, they are man and wife.

1 부사 + -ing, / -ing + 부사어 = ~하면, ~하더라도

1. **Frankly speaking**, they are married.
2. **Generally speaking**, the Koreans are a diligent people.
3. **Strictly speaking**, Great Britain consists of Scotland, Wales and England, and the United Kingdom consists of Great Britain and Northern Ireland.
4. **Roughly speaking**, this is not correct.
5. **Judging from** his appearance, he seems to be rich.
6. **Talking of** movies, I don't like sad movies.
7. **Talking** his age **into consideration**, he looks young.
8. **Granting that** this is true, you are still in the wrong.

2 to do ~, S = ~하면, ~하지만

1. **To tell the truth**, he is a liar.
2. **To be frank with you**, I am against the plan.
3. **To do him justice**, he is an able man.
4. **To make a long story short**, we agreed to go.
5. **To return to the subject**, what is your point of protest?
6. **To begin with**, I don't like the color.
7. He is, **so to speak**, a grown-up baby.
8. **To make matters worse**, his father failed in his business.
9. **To be sure**, he is dead.
10. **Strange to say**, the light went out of itself.
11. **Needless to say**, because of the accident he had, he'll be off work for a while.
12. He knows French, **not to speak of**(=to say nothing of, not to mention) English.

Pattern Tip

분사나 부정사의 의미상의 주어가 문장의 주어와 다르더라도 일반인(we, you, they)을 나타내는 경우에는 주어를 표시하지 않는다. 일반인 주어가 생략된 '-ing ~,'는 대체로 '~하면' 혹은 '하더라도'로 해석하고 to do는 '~하면' 혹은 '~하지만'으로 해석한다. 일반인 주어가 생략된 독립분사구문과 독립부정사는 관용적 표현이므로 암기해 두어야 한다.

영어식 해석

1. Frankly speaking(솔직히 말하면), they are married(그들은 결혼했다).
2. Generally speaking(일반적으로 말하면), the Koreans are a diligent people(한국인들은 부지런한 국민이다).
3. Strictly speaking(엄격하게 말하면), Great Britain(그레이트브리튼은) consists of(구성돼 있다) Scotland(스코틀랜드), Wales and England(웨일즈와 잉글랜드), and the United Kingdom(그리고 대영제국은) consists of(구성돼 있다) Great Britain(그레이트브리튼) and Northern Ireland(그리고 북아일랜드로).
4. Roughly speaking(대강 말하더라도), this is not correct(이것은 옳지 않다).
5. Judging from his appearance(그의 외모로 판단하면), he seems to be rich(그는 부자인 것처럼 보인다).
6. Talking of movies(영화에 관해 말하면), I don't like(나는 좋아하지 않는다) sad movies(슬픈 영화들을).
7. Talking his age into consideration(그의 나이를 감안하더라도), he looks young(그는 어려 보인다).
8. Granting that this is true(이것이 사실이라 하더라도), you are still in the wrong(네가 여전히 잘못이다).

1. To tell the truth(사실을 말하면), he is a liar(그는 거짓말쟁이다).
2. To be frank with you(너에게 솔직하게 말하면), I am against the plan(나는 그 계획에 반대한다).
3. To do him justice(그를 공평하게 말하면), he is an able man(그는 능력 있는 남자다).
4. To make a long story short(간단히 말하면), we agreed to go(우리는 가기로 결정했다).
5. To return to the subject(본론으로 돌아가면), what is your point of protest(당신이 항의하는 요점이 무엇이오)?
6. To begin with(무엇보다도), I don't like(나는 좋아하지 않는다) the color(그 색깔을).

7. He(그는) is, so to speak(소위), a grown-up baby(다 자란 아기다).
8. To make matters worse(설상가상으로), his father(그의 아버지는) failed(실패했다) in his business(사업에).
9. To be sure(확실히), he is dead(그는 죽었다).
10. Strange to say(말하기에 이상하지만), the light went out(불이 나갔다) of itself(저절로).
11. Needless to say(말할 필요도 없지만), because of the accident(그 사고 때문에) he had(그가 가진), he'll be off work(그는 쉴 것이다) for a while(당분간).
12. He knows French(그는 프랑스어를 안다), not to speak of(말할 것도 없지만) English(영어는).

영어식 영작

1. 솔직히 말하면, 그들은 결혼했다.
   (솔직히 말하면, 그들은 결혼했다)
2. 일반적으로 말하면, 한국인들은 부지런한 국민이다
   (일반적으로 말하면, 한국인들은 부지런한 국민이다)
3. 엄격하게 말하면, 그레이트브리튼은 스코틀랜드, 웨일즈, 그리고 잉글랜드로 구성돼 있고, 대영제국은 그레이트브리튼과 북아일랜드로 구성돼 있다.
   (엄격하게 말하면, 그레이트브리튼은, 구성돼 있다, 스코틀랜드, 웨일즈, 그리고 잉글랜드, 그리고 대영제국은, 구성돼 있다, 그레이트브리튼, 그리고 북아일랜드로)
4. 대강 말하더라도, 이것은 옳지 않다
   (대강 말하더라도, 이것은 옳지 않다)
5. 그의 외모로 판단하면, 그는 부자인 것처럼 보인다
   (그의 외모로 판단하면, 그는 부자인 것처럼 보인다)
6. 영화에 관해 말하면, 나는 슬픈 영화들을 좋아하지 않는다.
   (영화에 관해 말하면, 나는 좋아하지 않는다, 슬픈 영화들을)
7. 그의 나이를 감안하더라도, 그는 어려 보인다
   (그의 나이를 감안하더라도, 그는 어려 보인다)
8. 이것이 사실이라 하더라도, 네가 여전히 잘못이다.
   (이것이 사실이라 하더라도, 네가 여전히 잘못이다)

1. 사실을 말하면, 그는 거짓말쟁이다.
   (사실을 말하면, 그는 거짓말쟁이다)
2. 너에게 솔직하게 말하면, 나는 그 계획에 반대한다.
   (너에게 솔직하게 말하면, 나는 그 계획에 반대한다)
3. 그를 공평하게 말하면, 그는 능력 있는 남자다.
   (그를 공평하게 말하면, 그는 능력 있는 남자다)
4. 간단히 말하면, 우리는 가기로 결정했다.
   (간단히 말하면, 우리는 가기로 결정했다)
5. 본론으로 돌아가면, 당신이 항의하는 요점이 무엇이오.
   (본론으로 돌아가면, 당신이 항의하는 요점이 무엇이오)
6. 무엇보다도, 나는 그 색깔을 좋아하지 않는다.
   (무엇보다도, 나는 좋아하지 않는다, 그 색깔을)
7. 그는 소위 다 자란 아기다.
   (그는, 소위, 다 자란 아기다)
8. 설상가상으로 그의 아버지는 사업에 실패했다.
   (설상가상으로, 그의 아버지는, 실패했다, 사업에)
9. 확실히, 그는 죽었다.
   (확실히, 그는 죽었다)
10. 말하기에 이상하지만, 불이 저절로 나갔다.
    (말하기에 이상하지만, 불이 나갔다, 저절로)
11. 말할 필요도 없지만, 그가 겪은 사고 때문에 그는 당분간 쉴 것이다.
    (말할 필요도 없지만, 그 사고 때문에, 그가 가진, 그는 쉴 것이다, 당분간)
12. 그는 영어는 말할 것도 없지만 프랑스어도 안다.
    (그는 프랑스어를 안다, 말할 것도 없지만, 영어는)

Chapter 5

The house on the hill

Pattern 21 | The man lives in the house on the hill.

1 동사 + 전명구(~에(서), 로)

1. The man lives **in** the house on the hill.
2. I went **to** the park **with** him.
3. Aspirin is useful **in** relieving pain associated with headaches and reducing fever.

2 명사 + 전명구(~하는)

1. That wallpaper **on** your computer is not the default one.
2. The girl **in** the shop is John's daughter.

3 두 단어 이상이 합쳐져 시간을 의미하는 경우

1. He takes a walk **every evening**.
2. **Next week** the final examination will begin.

> **Pattern Tip**
>
> 1 전명구(전치사 + 명사) 앞에 동사가 오면 대체로 '~에(서), 로'로 해석한다. '전치사 + -ing'의 경우, -ing는 전치사의 목적어로서 명사 역할을 하므로 전명구로 처리한다.
> 2 전명구(전치사 + 명사) 앞에 명사가 오면 '~하는'으로 해석한다.
> 3 두 단어 이상이 합쳐져 시간을 의미하는 어구는 전명구로 취급한다.

영어식 해석

1. The man lives(그 남자는 산다) in the house(집에서) on the hill(언덕 위에 있는).
2. I went(나는 갔다) to the park(공원으로) with him(그와 함께).
3. Aspirin is useful(아스피린은 유용하다) in relieving pain(고통을 더는 것에) associated with headaches(두통들과 관련된) and reducing fever(그리고 열을 줄이는 것에).

1. That wallpaper(배경화면 그림은) on your computer(너의 컴퓨터 위에 있는) is not the default one(처음부터 설정돼 있는 것은 아니군).
2. The girl(그 소녀는) in the shop(그 가게에 있는) is John's daughter(존의 딸이다).

1. He takes a walk(그는 산책한다) every evening(매일 저녁).
2. Next week(다음주에) the final examination(기말고사가) will begin(시작될 것이다).

영어식 영작

1. 그 남자는 언덕 위에 있는 집에서 살고 있다.
   (그 남자는 산다, 집에서, 언덕 위에 있는)
2. 나는 그와 함께 공원으로 갔다.
   (나는 갔다, 공원으로, 그와 함께)
3. 아스피린은 두통을 낫게 하고 열을 낮추는데 유용하다.
   (아스피린은 유용하다, 고통을 더는 것에, 두통들과 관련된, 그리고 열을 줄이는 것에)

1. 네 컴퓨터에 있는 배경 화면 그림은 처음부터 설정된 것은 아니군.
   (배경화면 그림은, 너의 컴퓨터 위에 있는, 처음부터 설정돼 있는 것은 아니군)
2. 그 가게에 있는 소녀는 존의 딸이다.
   (그 소녀는, 그 가게에 있는, 존의 딸이다)

1. 그는 매일 저녁 산책한다.
   (그는 산책한다, 매일 저녁)
2. 다음 주에 기말고사가 시작될 것이다.
   (다음 주에, 기말고사가, 시작될 것이다)

Pattern 22 — I know that sky gets dark every night.

1 동사 + that(~것, ~라고) + 주어 + 동사

1. I know **that** sky gets dark every night.
2. Do you know **that** Susan has been gossiping about you behind your back?
3. I still believe **that** people are really good at heart.
4. She found out **that** her husband was having an affair with her best friend.

2 동사 + 사람(에게) + that(~라고) + 주어 + 동사

1. Don't tell me **that** he loves me.
2. He told me **that** he would come and see me.
3. I told my girl friend **that** I had decided to join the army.

3 동사 + (that)(~것, ~라고) + 명사 + 동사

1. I **hope you have** a great weekend.
2. I can't **believe aunt Julie passed** away.
3. I **know I take** after my father.
4. I just **saw you throw** a cigarette butt and step on it.
5. I **hear they called off** their engagement.
6. Don't you **remember we have** an appointment at two here in my office?

Pattern Tip

1 명사절을 이끄는 that는 '~것, ~라고'로 해석한다. 매우 자주 나오는 기본 문형이다.
2 that 앞에 오는 사람은 전명구의 기능을 가지므로 생략해도 문장은 성립된다.
3 '동사 + 명사 + 동사'에서 명사 앞에는 명사절 접속사인 that가 생략돼 있다.

영어식 해석

1. I know(나는 안다) that sky gets dark(하늘이 어두워진다는 것을) every night(매일 밤).
2. Do you know(너는 아니) that Susan has been gossiping(수잔이 험담하고 있었다는 것을) about you(너에 대해) behind your back(너의 등 뒤에서)?
3. I still believe(나는 아직도 믿는다) that people are really good(사람들이 정말 선하다는 것을) at heart(마음속으로는).
4. She found out(그녀는 발견했다) that her husband(그녀의 남편이) was having an affair(사건을 가지고 있었다는 것을) with her best friend(그녀의 가장 친한 친구와).

1. Don't tell me(나에게 말하지 마) that he loves me(그가 나를 사랑한다는 것을).
2. He told me(그는 나에게 말했다) that he would come and see me(그가 와서 나를 볼 것이라고).
3. I told my girl friend(나는 나의 여자 친구에게 말했다) that I had decided(내가 결정했다고) to join the army(군대에 참여하기로).

1. I Hope(나는 희망한다) you have(네가 가지는 것을) a great weekend(위대한 주말을).
2. I can't believe(나는 믿을 수 없다) aunt Julie passed away(줄리 아줌마가 돌아가셨다는 것을).
3. I know(나는 안다) I take after my father(내가 아버지를 닮았다는 것을).
4. I just saw(나는 방금 보았다) you throw a cigarette butt(네가 담배꽁초를 던지는 것을) and step on it(그리고 밟는 것을).
5. I hear(나는 듣는다) they called off(그들이 취소했다는 것을) their engagement(그들의 약혼을).
6. Don't you remember(너는 기억하지 않니) we have an appointment(우리가 약속을 가지고 있다는 것을) at two(두 시에) here in my office(여기 나의 사무실에서)?

영어식 영작

1. 나는 하늘이 매일 밤 어두워진다는 것을 안다.
   (나는 안다, 하늘이 어두워진다는 것을, 매일 밤)
2. 수잔이 너 없는 데서 너를 험담하고 있었다는 것을 알고 있니?
   (너는 아니, 수잔이 험담하고 있었다는 것을, 너에 대해, 너의 등 뒤에서)
3. 나는 사람들이 마음속은 정말 착하다고 아직 믿는다.
   (나는 아직도 믿는다, 사람들이 정말 선하다는 것을, 마음속으로는)
4. 그녀는 남편이 자신의 가장 친한 친구와 바람피우는 것을 알아냈다.
   (그녀는 발견했다, 그녀의 남편이 (애정)사건을 가지고 있었다는 것을, 그녀의 가장 친한 친구와)

1. 설마 샘이 나를 사랑하겠어.
   (나에게 말하지 마, 그가 나를 사랑한다는 것을)
2. 그가 내게 와서 만날 것이라고 나에게 말했다.
   (그는 나에게 말했다, 그가 와서 나를 볼 것이라고)
3. 나는 군대에 가기로 결정했다고 내 여자 친구에게 말했다.
   (나는 나의 여자 친구에게 말했다, 내가 결정했다고, 군대에 참여하기로)

1. 즐거운 주말 보내세요.
   (나는 희망한다, 네가 가지는 것을, 위대한 주말을)
2. 나는 줄리 아주머니가 돌아가셨다는 것을 믿을 수가 없다.
   (나는 믿을 수 없다, 줄리 아줌마가 돌아가셨다는 것을)
3. 나는 아버지를 닮았다는 것을 안다.
   (나는 안다, 내가 아버지를 닮았다는 것을)
4. 너는 방금 담배꽁초를 버리고 발로 밟아 끄더군.
   (나는 방금 보았다, 네가 담배꽁초를 던지는 것을, 그리고 밟는 것을)
5. 그들은 약혼을 취소했다던데.
   (나는 듣는다, 그들이 취소했다는 것을, 그들의 약혼을)
6. 여기 내 사무실에서 2시에 약속이 있는 걸 잊었니?
   (너는 기억하지 않니, 우리가 약속을 가지고 있다는 것을, 두 시에, 여기 나의 사무실에서)

Pattern 23   **It is true that the scenery is beautiful.**

1 It ~ that(~것) …

1. **It** is true **that** the scenery is beautiful.
   = That the scenery is beautiful is true.
2. **It** is certain **that** he is a prince.
3. **It** is difficult **to** know oneself.
4. **It** is no use cry**ing** over split milk.

2 동사 + it + 보어 + that(~것)

1. I think **it** certain **that** our team will win the game.
2. I believe **it** to be true **that** he is a prince.
3. He made **it** clear **that** he did not want it.
4. I will see to **it that** everything is ready for your departure.
5. I make **it** a rule **to** go for a walk every morning.
6. You will find **it** pleasant tak**ing** a walk with him.

Pattern Tip

1. 주어로 쓰인 that절이 길 경우 그 자리에 it를 놓고 that절은 문장 뒤로 보낸다. 가주어는 형식적으로 주어의 위치에 놓여, 뒤에 오는 부정사, 동명사, 명사절 등의 진주어를 가리키는 It이다.

2. 목적어로 쓰인 that절이 길 경우에도 그 자리에 it를 놓고 that절을 문장 뒤로 보낸다. 가목적어는 형식적으로 목적어의 위치에 놓여 뒤에 오는 부정사, 동명사, 명사절 등의 진목적어를 가리키는 It이다. 이 구문에는 feel, find, think, consider, make, take, suppose 등의 동사가 주로 온다.

영어식 해석

1. It is true(그것은 사실이다) that the scenery is beautiful(경치가 아름답다는 것은).
2. It is certain(그것은 확실하다) that he is a prince(그가 왕자라는 것은).
3. It is difficult(그것은 어렵다) to know oneself(자신을 안다는 것은).
4. It is no use(그것은 소용없다) crying(우는 것은) over split milk(엎질러진 우유를 놓고).

1. I think(나는 생각한다) it certain(그것이 확실하다고) that our team will win the game(우리 팀이 그 경기를 이기는 것이).
2. I believe(나는 믿는다) it to be true(그것은 사실이라고) that he is a prince(그가 왕자라는 것은).
3. He made it clear(그는 그것을 확실하게 만들었다) that he did not want it(그가 그것을 원했다는 것을).
4. I will see to it(나는 그것을 살펴 볼 것이다) that everything is ready(모든 것이 준비돼 있다는 것을) for your departure(너의 출발을 위해).
5. I make it a rule(나는 그것을 원칙으로 만든다) to go for a walk(산보 가는 것을) every morning(매일 아침).
6. You will find(너는 알게 될 것이다) it pleasant(그것이 즐겁다는 것을) taking a walk(산보하는 것이) with him(그와 함께).

영어식 영작

1. 경치가 아름답다는 것은 사실이다.(그것은 사실이다, 경치가 아름답다는 것은).
2. 그가 왕자라는 것은 확실하다.(그것은 확실한다, 그가 왕자라는 것은)
3. 자신을 안다는 것은 어렵다.(그것은 어렵다, 자신을 안다는 것은)
4. 엎질러진 우유를 놓고 우는 것은 소용없다.
   (그것은 소용없다, 우는 것은, 엎질러진 우유를 놓고)

1. 나는 우리 팀이 그 경기를 이기는 것이 확실하다고 생각한다.
   (나는 생각한다, 그것이 확실하다고, 우리 팀이 그 경기를 이기는 것이)
2. 나는 그가 왕자라는 것이 확실하다고 믿는다.
   (나는 믿는다, 그것은 확실하다고, 그가 왕자라는 것은)
3. 그는 그것을 원했다는 것을 확실히 했다.
   (그는 그것을 확실하게 만들었다, 그가 그것을 원했다는 것을)
4. 나는 너의 출발을 위해 모든 것이 준비되도록 돌볼 것이다.
   (나는 그것을 살펴 볼 것이다, 모든 것이 준비돼 있다는 것을, 너의 출발을 위해)
5. 나는 매일 아침 산책하는 것을 원칙으로 하고 있다.
   (나는 그것을 원칙으로 만든다, 산책하는 것을, 매일 아침)
6. 너는 그와 함께 산책하는 것이 즐겁다는 것을 알게 될 것이다.
   (너는 알게 될 것이다, 그것이 즐겁다는 것을, 산보하는 것이, 그와 함께)

Pattern 24 I'm afraid that I don't take very good pictures.

1 종속접속사 that, when, because

1. I didn't know **that** he was absent.
2. I'm afraid **that** I don't take very good pictures.
3. Most people make many errors **when** they lose their tempers.
4. The joy **that** we experience cannot be interfered with, **because** its source is within ourselves.

2 등위접속사 and, but

1. In corporate life, you have to encourage all your people **to** make a contribution to the common good **and to** come up with better ways of doing things.

2. Marcel Proust said **that** love is Subjective **and that** we do not love real people, **but** only those whom we have created in our mind.
3. Four score and seven years ago our fathers brought forth on this continent, a new nation, conceiv**ed** in liberty, **and** dedicat**ed** to the proposition that all men are created equal.

> **Pattern Tip**
>
> **1** 문장 전체의 '주어 + 동사'에 종속되는 'that(when, because, whether, if) + 주어 + 동사'를 종속절이라고 한다. 종송절에는 명사절, 부사절, 형용사절이 있다. 종속절이 붙어 문장이 좀 복잡해진다고 해도 결국은 'S + V + O + ad'와 같이 주어, 동사, 목적어, 부사어로 이루어진다. '명사 + 형용사절', 명사절, 부사절 등은 하나의 덩어리로 받아들이는 습관이 중요하다.
>
> **2** 대등한 단어·구·절을 연결하는 and, but를 등위접속사라고 한다. 등위접속사는 주절과 종속절에서 제한 없이 쓰일 수 있으므로 문장은 무한정 길어질 수 있다.
>
> 1. In corporate life(ad), **you**(S) **have to encourage**(V) all your **people**(O) to make a contribution to the common good(ad) and to come up with better ways of doing things(ad).
> 2. **Marcel Proust**(S) **said**(V) (O)**that** love(S′) is(V′) Subjective(C′) and (O)**that** we(S″) do not love(V″) real people(O″), but only those(O″) whom we have created in our mind.
> 3. Four score and seven years ago(ad) **our fathers**(S) **brought forth**(V) on this continent(ad), [a new **nation**(O), conceived in liberty, and dedicated to the proposition that all men are created equal].

영어식 해석

1. I didn't know(나는 몰랐다) that he was absent(그가 결석했다는 것을).
2. I'm afraid(나는 두렵다) that I don't take very good pictures(매우 좋은 사진들을 찍지 못할까봐).
3. Most people(많은 사람들은) make(만든다) many errors(많은 실수들을) when they lose(그들이 잃을 때) their tempers(그들의 평정심을).
4. The joy(기쁨은) we experience(우리가 경험하는) cannot be interfered with(방해받을 수 없다), because(왜냐하면) its source(그것의 근원이) is within ourselves(우리 자신 속에 있기 때문이다).

1. In corporate life(회사 생활에서), you have to encourage(당신은 격려해야 한다) all your people(모든 당신의 사람을) to make a contribution(기여하도록) to the common good(공동의 선을 향해) and to come up with(그리고 가지고 나오도록) better ways(더 좋은 방법들을) of doing things(일들을 하는).
2. Marcel Proust said(마르셀 프루스트는 말했다) that love is Subjective(사랑은 주관적이라고) and that we do not love(그리고 우리는 사랑하지 않는다고) real people(진짜 사람을), but only those(그러나 사람들만을 사랑한다고) whom we have created(우리가 창조한) in our mind(우리의 마음속에).
3. Four score and seven years ago(87년 전) our fathers(우리의 조상들은) brought forth(앞으로 가져왔다) on this continent(이 대륙에), a new nation(새로운 나라를), conceived(잉태된) in liberty(자유 속에), and dedicated(그리고 바쳐진) to the proposition(명제에) that all men are created(모든 사람이 창조됐다는) equal(평등하게).

영어식 영작

1. 나는 그가 결석했다는 것을 몰랐다.
   (나는 몰랐다, 그가 결석했다는 것을)
2. 나는 사진을 잘 못 찍을까 두렵다.
   (나는 두렵다, 매우 좋은 사진들을 찍지 못할까봐)
3. 대다수 사람들은 평정심을 잃을 때 많은 실수를 저지른다.
   (많은 사람들은, 만든다, 많은 실수들을, 그들이 잃을 때, 그들의 평정심을)
4. 우리가 경험하는 기쁨은 방해받을 수 없다. 왜냐하면 그 기쁨의 근원이 우리 자신 속에 있기 때문이다.
   (기쁨은, 우리가 경험하는, 방해받을 수 없다, 왜냐하면, 그것의 근원이, 우리 자신 속에 있기 때문이다)

1. 회사 생활에서 당신은 공동의 선에 기여하고 일을 처리하는 더 좋은 방법을 제안하도록 모든 부하 직원들을 격려해야 한다.
   (회사 생활에서, 당신은 격려해야 한다, 모든 당신의 사람을, 기여하도록, 공동의 선을 향해, 그리고 가지고 나오도록, 더 좋은 방법들을, 일들을 하는)
2. 마르셀 프루스트는 사랑은 주관적이고 우리는 진짜 사람을 사랑하지 않고 우리가 마음속에 창조한 사람을 사랑한다고 말했다.
   (마르셀 프루스트는 말했다, 사랑은 주관적이라고, 그리고 우리는 사랑하지 않는다고, 진짜 사람을, 그러나 사람들만을 사랑한다고, 우리가 창조한, 우리의 마음속에)
3. 87년 전 우리의 조상들은 자유 속에서 잉태되고 모든 사람은 평등하게 창조됐다는 명제에 바쳐진 새로운 나라를 탄생시켰다.
   (87년 전, 우리의 조상들은, 앞으로 가져왔다, 이 대륙에, 새로운 나라를, 잉태된, 자유 속에, 그리고 바쳐진, 명제에, 모든 사람이 창조됐다는, 평등하게)

Pattern 25 — Do you know where my son is?

1 wh-(~지) + S + V

1. Do you know **where** my son is?
2. Can you tell me **where** I can find men's underwear?
3. Do you know **when** he will come?
4. I don't want to get involved in that argument about **who** is to blame.
5. Can I ask **what** your secret of health is?
6. Can you tell me **what** floor the restaurant is on?
7. Do you know **which** car was responsible for the accident?
8. I wonder **how** much this DVD player is.

2 wh-(~것이라고) + do you think + S + V

1. **Who** do you think will win the soccer game?
2. **What** do you think will happen when our boss retires?
3. **How long** do you think it will take for you to learn the art of salesmanship?
4. **When** do you think she'll be released from the hospital?

Pattern Tip

1 명사절을 이끄는 who, when, where, why, what, how는 '~지'로 해석한다. 5w1h 앞에는 ask, know, tell, understand, imagine, determine 등 의문과 관련된 동사가 온다.

2 명사절을 이끄는 의문사 다음에 do you think가 오면 wh-는 '~것이라고'로 해석한다.

영어식 해석

1. Do you know(당신은 압니까) where my son is(내 아들이 어디 있는지)?
2. Can you tell me(너는 나에게 말할 수 있니) where I can find(어디서 내가 발견할 수 있는 지를) men's underwear(남성 내의를)?
3. Do you know(너는 아니) when he will come(그가 언제 올지)?
4. I don't want(나는 원하지 않는다) to get involved(말려드는 것을) in that argument(그 논쟁에) about who is to blame(누가 비난을 받아야하는 지에 대한).
5. Can I ask(내가 질문할 수 있니) what your secret of health is(무엇이 너의 건강 비결인지)?
6. Can you tell me(당신은 나에게 말할 수 있습니까) what floor the restaurant is on(몇 층에 레스토랑이 있는지)?
7. Do you know(너는 아니) which car was responsible(어떤 차가 책임이 있었는지) for the accident(그 사건을 위해)?
8. I wonder(나는 궁금하다) how much this DVD player is(얼마나 많은 (가격인지), 이 DVD 플레이어가).

1. Who(누가) do you think(너는 생각하니) will win(이길 거라고) the soccer game(축구 경기에서)?
2. What(무엇이) do you think(너는 생각하니) will happen(일어날 거라고) when our boss retires(우리 사장님이 은퇴할 때)?
3. How long(얼마나 오래) do you think(너는 생각하니) it will take(그것이 걸릴 거라고) for you(네가) to learn(배우는 것이) the art of salesmanship(판매 방법을)?
4. When(언제) do you think(너는 생각하니) she'll be released(그녀가 나올 거라고) from the hospital(병원으로부터)?

영어식 영작

1. 당신은 내 아들이 어디 있는지 압니까?
   (당신은 압니까, 내 아들이 어디 있는지)
2. 남자 속옷은 어디가면 찾을 수 있나요?
   (너는 나에게 말할 수 있니, 어디서 내가 발견할 수 있는 지를, 남성 내의를)
3. 너는 그가 언제 올지 아니?
   (너는 아니, 그가 언제 올지)
4. 나는 누가 책임이 있는지를 따지는 논쟁에 말려들고 싶지 않다.
   (나는 원하지 않는다, 말려드는 것을, 논쟁에, 누가 비난을 받아야하는 지에 대한)
5. 너의 건강 비결에 대해 물어봐도 되니?
   (내가 질문할 수 있니, 무엇이 너의 건강 비결인지)
6. 식당은 몇 층에 있습니까?
   (당신은 나에게 말할 수 있습니까, 몇 층에 레스토랑이 있는지)
7. 너는 어느 차가 그 사고에 책임이 있는지 아니?
   (너는 아니, 어떤 차가 책임이 있었는지, 그 사건을 위해)
8. 이 DVD 플레이어가 가격이 얼마인지 궁금하다.
   (나는 궁금하다, 얼마나 많은 (가격인지), 이 DVD 플레이어가)

1. 너는 축구 경기에서 어느 팀이 이길 것이라고 생각하니?
   (누가, 너는 생각하니, 이길 거라고, 축구 경기에서)
2. 너는 우리 사장이 은퇴하면 어떻게 될거라고 생각하니?
   (무엇이, 너는 생각하니, 일어날 거라고, 우리 사장님이 은퇴할 때)
3. 네가 판매 방법을 익히는 데 얼마나 걸릴 것 같니?
   (얼마나 오래, 너는 생각하니, 그것이 걸릴 거라고, 네가, 배우는 것이, 판매 방법을)
4. 너는 그녀가 언제 퇴원할 것이라고 생각하니?
   (언제, 너는 생각하니, 그녀가 나올 거라고, 병원으로부터)

Chapter 6

A teacher

I doubt whether he is qualified as a teacher.

1 동사 + whether / if(~인지 아닌지)

1. I doubt **whether** he is qualified as a teacher (or not).
2. I couldn't decide **whether** I should propose to her (or not).
3. May I ask **if** you are married?
4. I'm wondering **if** you could come to my house for dinner tonight.
5. I wonder **if** he inherited a fortune from his parents or made it on his own.
6. I will stay **if** it rains tomorrow, but I do not know **if** it will rain.

2 Whether(~이든지 아니든지 간에) + S + V, S~

1. **Whether** he agrees **or not**, I will carry out the plan.
* Whether he agrees or not does not matter.
2. **Whether** you like it **or not**, you must do it.

> **Pattern Tip**
>
> 1. 동사 뒤에 오는 whether절과 if절은 '~인지 아닌지'로 해석한다. ask, see, know, learn, doubt, wonder 등 의문과 관련된 동사가 whether절과 if절을 이끈다.
> 2. Whether절이 주절 앞에 올 경우, 양보의 부사절을 이끌어 '~이든지 아니든지 간에'로 해석한다.

영어식 해석

1. I doubt(나는 의문스럽다) whether he is qualified(그가 자격이 있는지 없는지) as a teacher(교사로서).
2. I couldn't decide(나는 결정할 수 없었다) whether I should propose(내가 프러포즈해야할 지를) to her(그녀에게).
3. May I ask(내가 물어봐도 될까요) if you are married(당신이 결혼했는지)?
4. I'm wondering(나는 궁금해 하고 있다) if you could come(당신이 올 수 있는지) to my house(우리 집에) for dinne(저녁을 위해) tonight(오늘 저녁).
5. I wonder(나는 궁금하다) if he inherited(상속 받았는지) a fortune(재산을) from his parents(그의 부모로부터) or made it(혹은 그것을 만들었는지) on his own(스스로).
6. I will stay(나는 머무를 것이다) if it rains tomorrow(내일 비가 오면), but I do not know(그러나 나는 모른다) if it will rain(비가 올지 안 올지).

1. Whether he agrees or not(그가 동의를 하든지 아니 하든지 간에), I will carry out(나는 실행할 것이다) the plan(그 계획을).
* Whether he agrees or not(그가 동의하는지 안 하는지는) does not matter(문제가 되지 않는다).
2. Whether you like it or not(네가 좋아하든지 아니 하든지 간에), you must do it(너는 그것을 해야 한다).

영어식 영작

1. 나는 그가 교사로서 자격이 있는지 없는지 의문스럽다.
   (나는 의문스럽다, 그가 자격이 있는지 없는지, 교사로서)
2. 내가 그녀에게 청혼을 해야 할 것인지 결정할 수 없었다.
   (나는 결정할 수 없었다, 내가 프러포즈해야 할지를, 그녀에게)
3. 결혼했는지 물어봐도 될까요?
   (내가 물어봐도 될까요, 당신이 결혼했는지)
4. 오늘 저녁 우리 집에 식사하러 오실 수 있는지요.
   (나는 궁금해 하고 있다, 당신이 올 수 있는지, 우리 집에, 저녁을 위해, 오늘 저녁)
5. 그 사람이 부모로부터 재산을 물려받았는지 자수성가했는지 궁금합니다.
   (나는 궁금하다, 상속 받았는지, 재산을, 그의 부모로부터, 혹은 그것을 만들었는지, 스스로)
6. 나는 내일 비가 오면 머무르겠지만 비가 올지 안 올지는 모른다.
   (나는 머무를 것이다, 내일 비가 오면, 그러나 나는 모른다, 비가 올지 안 올지).

1. 그가 동의를 하든지 아니 하든지 간에 나는 그 계획을 실행할 것이다.
   (그가 동의를 하든지 아니 하든지 간에, 나는 실행할 것이다, 그 계획을)
* 그가 동의하는지 안 하는지는 문제가 되지 않는다.
   (그가 동의하는지 안 하는지는, 문제가 되지 않는다)
2. 네가 좋아하든지 아니 하든지 간에 너는 해야 한다.
   (네가 좋아하든지 아니 하든지 간에, 너는 그것을 해야 한다)

Both his son and his daughter like soccer.

1 both A and B = A와 B 둘 다

1. **Both** his son **and** his daughter like soccer.
2. This book is **both** interesting **and** instructive.

2 not only A but also B = A 뿐만 아니라 B도 역시

1. He gave me **not only** money **but (also)** advice.
   = He gave me advice **as well as** money.
* I want to speak English **as well as** you.

3 Either A or B = A나 B 둘 중에 하나

1. **Either** you **or** he has to go there.
2. Each food was **either** undercooked **or** overcooked.

4 neither A nor B = A도 아니고 B도 아니다

1. **Neither** his father **nor** his mother is at home.
   = **Either** his father **or** his mother is **not** at hom.
2. I like **neither** coffee **nor** tea.
   = I do**n't** like **either** coffee **or** tea.

영어식 해석

1. Both his son and his daughter(그의 아들과 딸 둘 다) like soccer(축구를 좋아한다).
2. This book(이 책은) is both interesting and instructive(흥미도 있고 유익하기도 하다).

1. He gave(그는 주었다) me(나에게) not only money but (also) advice(돈 뿐만 아니라 충고도).
* I want(나는 원한다) to speak(말하기를) English(영어를) as well as you(너 만큼 잘).

1. Either you or he(너나 그 둘 중에 하나가) has to go(가야 한다) there(거기에).
2. Each food(음식마다) was either undercooked or(덜 익었거나) overcooked(더 익었다).

1. Neither his father nor his mother is(그의 아버지도 그의 어머니도 안 계신다) at home(집에).
2. I like neither(나는 좋아하지 않는다) coffee nor tea(커피도 차도).

영어식 영작

1. 그의 아들과 딸 둘 다 축구를 좋아한다.
   (그의 아들과 딸 둘 다, 축구를 좋아한다)
2. 이 책은 흥미도 있고 유익하기도 하다.
   (이 책은, 흥미도 있고 유익하기도 하다)

1. 그는 나에게 돈 뿐만 아니라 충고도 주었다.
   (그는 주었다, 나에게, 돈 뿐만 아니라 충고도)
* 나는 너만큼 영어를 잘 말하기를 원한다.
   (나는 원한다, 말하기를, 영어를, 너 만큼 잘)

1. 너나 그 두 사람 중에 하나는 거기에 가야 한다.
   (너나 그 둘 중에 하나가, 가야 한다, 거기에)
2. 음식은 덜 익었거나 더 익었다.
   (각각의 음식은, 덜 익었거나, 더 익었다)

1. 그의 아버지도 어머니도 집에 안 계신다.
   (그의 아버지도 그의 어머니도 안 계신다, 집에)
2. 나는 커피도 차도 좋아하지 않는다.
   (나는 좋아하지 않는다, 커피도 차도)

Pattern 28 **It was the window that he broke on purpose.**

1 It is + 강조되는 어구 + that

1. He broke the window on purpose.
2. **It** was he **that**(who) broke the window on purpose.
3. **It** was the window **that**(which) he broke on purpose.
4. **It** was on purpose **that** he broke the window.
5. **It** is not until we lose health **that** we realize the value of it.
6. **It** is the time you have wasted for your rose **that** makes your rose so important.

2 명사 = that~(~라는, 하다는)

1. I know **the fact that** the girl is at the top of her class.
2. No one can deny **the fact that** you are guilty.
3. There is no **proof that** he stole it.
4. Is there any **possibility that** he will succeed in it?

5. **The chances** are very low **that** he will be elected.
6. We heard **the news that** he had succeeded in the work.
7. Have you heard **the rumor that** she will marry a famous singer?
8. We came to **the conclusion that** you were wrong.
9. I have **a hunch that** Sam loves you.
10. I had **a feeling that** the Korean team might turn the tables.

> **Pattern Tip**
>
> **1** it-that 강조구문에서 It is와 that를 생략해도 문장은 성립한다. 해석은 있는 그대로 it는 '그것' 으로, that은 '~것은' 으로 한다.
> **2** 동격절을 이끄는 that는 '~라는, 하다는' 으로 해석하고 생략할 수 없다. fact, proof, possibility, feeling 등 사실 혹은 감정을 나타내는 명사가 동격 명사로 흔히 사용된다.

영어식 해석

1. He broke(그는 깨뜨렸다) the window(그 창문을) on purpose(고의로).
2. It was he(그것은 그였다) that(who) broke the window(창문을 깨뜨린 사람은) on purpose(고의로).
3. It was the window(그것은 창문이었다) that(which) he broke(그가 깬 것은) on purpose(고의로).
4. It was on purpose(그것은 고의였다) that he broke(그가 깨뜨린 것은) the window(그 창문을).
5. It is not until we lose health(그것은 우리가 건강을 잃을 때까지는 아니다) that we realize(우리가 깨닫는 것은) the value of it(그것의 가치를).
6. It is the time(그것은 시간이다) you have wasted(네가 소비한) for your rose(너의 장미를 위해) that makes(만드는 것은) your rose so important(너의 장미를 그토록 중요하게).

1. I know(나는 안다) the fact(사실을) that the girl is at the top of her class(그 소녀가 그녀 반의 꼭대기에 있다는).
2. No one can deny(아무도 부정할 수 없다) the fact(사실을) that you are guilty(네가 유죄라는).
3. There is no proof(증거가 없다) that he stole it(그가 그것을 훔쳤다는).
4. Is there any possibility(어떤 가능성이 있니) that he will succeed in it(그가 그것에 성공할 것이라는)?
5. The chances are very low(가능성이 매우 낮다) that he will be elected(그녀가 당선될).
6. We heard(우리는 들었다) the news(뉴스를) that he had succeeded(그가 성공했다는) in the work(그 일에서).
7. Have you heard(너는 들은 적이 있니) the rumor(소문을) that she will marry(그녀가 결혼할 것이라는) a famous singer(유명한 가수와)?
8. We came(우리는 왔다) to the conclusion(결론으로) that you were wrong(당신이 틀렸다는).
9. I have a hunch(나는 예감이 든다) that Sam loves you(샘이 너를 사랑한다는).
10. I had a feeling(나는 느낌을 가졌다) that the Korean team might turn(한국 팀이 뒤집을지 모른다는) the tables(테이블을).

영어식 영작

1. 그는 일부러 그 창문을 깨뜨렸다.
   (그는 깨뜨렸다, 그 창문을, 고의로)
2. 그 창을 깨뜨린 사람은 그였다.
   (그것은 그였다, 창문을 깨뜨린 사람은, 고의로)
3. 그가 일부러 깬 것은 창이었다.
   (그것은 창문이었다, 그가 깬 것은, 고의로)

4. 그가 그 창문을 깨뜨린 것은 고의로 한 짓이었다.
   (그것은 고의였다, 그가 깨뜨린 것은, 그 창문을)
5. 우리는 건강을 잃고서야 비로소 건강의 소중함을 안다.
   (그것은 우리가 건강을 잃을 때까지는 아니다, 우리가 깨닫는 것은, 그것의 가치를)
6. 너의 장미를 그토록 중요하게 만드는 것은 네가 너의 장미를 위해 바친 시간이다.
   (그것은 시간이다, 네가 소비한, 너의 장미를 위해, 만드는 것은, 너의 장미를 그토록 중요하게)

1. 나는 그 소녀가 반에서 1등이라는 사실을 안다.
   (나는 안다, 사실을, 그 소녀가 그녀 반의 꼭대기에 있다는)
2. 아무도 네가 유죄라는 사실을 부정할 수 없다
   (아무도 부정할 수 없다, 사실을, 네가 유죄라는)
3. 그가 그것을 훔쳤다는 증거는 없다.
   (증거가 없다, 그가 그것을 훔쳤다는)
4. 그가 그것에 성공할 가능성이 있니?
   (어떤 가능성이 있니, 그가 그것에 성공할 것이라는)
5. 그가 당선될 가능성은 매우 낮다.
   (가능성이 매우 낮다, 그가 당선될)
6. 그가 그 일에 성공했다는 소식을 우리는 들었다.
   (우리는 들었다, 뉴스를, 그가 성공했다는, 그 일에서)
7. 너는 그녀가 유명한 가수와 결혼할 것이라는 소문을 들은 적이 있니?
   (너는 들은 적이 있니, 소문을, 그녀가 결혼할 것이라는, 유명한 가수와)
8. 우리는 당신이 틀렸다는 결론에 도달했다.
   (우리는 왔다, 결론으로, 당신이 틀렸다는)
9. 나는 샘이 너를 사랑한다는 예감이 든다.
   (나는 예감이 든다, 샘이 너를 사랑한다는)
10. 나는 한국이 역전할지도 모른다는 느낌이 들었다.
    (나는 느낌을 가졌다, 한국 팀이 뒤집을지 모른다는, 테이블을)

Pattern 29 — She is the prettiest girl in the class.

1 –er + than ⋯ = ⋯보다 더 ~하다

1. He is tall**er than** I.
2. London is bigg**er than** Paris.
3. He is two years old**er than** I (am old).
4. This is much bigg**er than** that.
5. She was much old**er than** I.

2 more ~ than ⋯ = ⋯보다 더 ~하다

1. This book is **more** interesting **than** that one.
2. Iron is **more** useful **than** gold (is useful).

3 less ~ than ⋯ = ⋯보다 덜 ~하다

1. Tom is **less** tall **than** she.
2. I am **less** strong **than** he.
   = I am not as strong as he.
   = He is stronger than I.

4 the 비교급, the 비교급 = …하면 할수록 더 ~하다

1. **The more** I know him, **the more** I like him.
2. **The** high**er** we go up, **the** cold**er** it becomes.
3. **The more** you play soccer, **the more** interesting it will be.
4. **The sooner, the better.**

5 the -est of(in) … = …중에서 가장 ~하다

1. She is **the** prett**iest** girl **of** them.
2. She is **the** prett**iest** girl in **the** class.
   = She is the prettiest of all girls in the class.
3. Gold is **the most** precious **of** all metals.

Pattern Tip

1 much, far 등은 비교급을 강조하는 데 쓰이며 '훨씬'으로 해석한다.
2 -ful, -able, -less, -ous, -ive 등으로 끝나는 2음절어와 3음절어 이상의 긴 형용사는 비교급, 최상급에 more, most를 붙인다.
5 최상급의 형용사 앞에는 the를 붙인다. 최상급 다음에 오는 of나 in은 '~ 중에서'로 해석한다. 지역이나 단체에는 in을 쓰고 같은 종류끼리 비교할 때는 of를 쓴다.

영어식 해석

1. He is taller(그는 키가 더 크다) than I(나보다).
2. London is bigger(런던은 더 크다) than Paris(파리보다).
3. He is two years older(그는 두 살 더 나이가 많다) than I(나보다).
4. This is much bigger(이것은 훨씬 더 크다) than that(저것보다).
5. She was much older(그녀는 훨씬 더 나이가 많다) than I(나보다).

1. This book is more interesting(이 책은 더 재미있다) than that one(저 책보다).
2. Iron is more useful(철은 더 유용하다) than gold(금보다).

1. Tom is less tall(톰은 키가 더 크지 않다) than she(그녀보다).
2. I am less strong(나는 더 강하지 않다) than he(그보다).
   = I am not as strong(나는 강하지 않다) as he(그가 강한 만큼).
   = He is stronger(그는 더 강하다) than I(나보다).

1. The more I know him(내가 그를 알면 알수록), the more I like him(더 나는 그를 좋아하게 된다).
2. The higher we go up(우리가 높이 올라가면 갈수록), the colder it becomes (날씨가 더 추워진다).
3. The more you play soccer(축구를 하면 할수록), the more interesting it will be(더 재미있어질 것이다).
4. The sooner(빠르면 빠를수록), the better(더 좋다).

1. She is the prettiest girl(그녀는 가장 예쁜 소녀다) of them(그들 중에서).
2. She is the prettiest girl(그녀는 가장 예쁜 소녀다) in the class(그 반에서).
   = She is the prettiest(그녀는 가장 예쁘다) of all girls(모든 소녀들 중에서) in the class(그 반에 있는).
3. Gold is the most precious(금은 가장 귀한 금속이다) of all metals(모든 금속들 중에서).

영어식 영작

1. 그는 나보다 키가 더 크다. (그는 키가 더 크다, 나보다)
2. 런던은 파리보다 더 크다. (런던은 더 크다, 파리보다)
3. 그는 나보다 두 살 더 나이가 많다.
   (그는 두 살 더 나이가 많다, 나보다)
4. 이것은 저것보다 훨씬 더 크다.
   (이것은 훨씬 더 크다, 저것보다)
5. 그녀는 나보다 훨씬 더 나이가 많다.
   (그녀는 훨씬 더 나이가 많다, 나보다)

1. 이 책은 저 책보다 더 재미있다.
   (이 책은 더 재미있다, 저 책보다)
2. 철은 금보다 더 유용하다.
   (철은 더 유용하다, 금보다)

1. 톰은 그녀보다 키가 더 크지 않다.
   (톰은 키가 더 크지 않다, 그녀보다)
2. 나는 그보다 더 강하지 않다.
   (나는 더 강하지 않다, 그보다)
= 나는 그만큼 강하지 않다.
   (나는 강하지 않다, 그가 강한 만큼)
= 그는 나보다 더 강하다.
   (그는 더 강하다, 나보다)

1. 내가 그를 알면 알수록 나는 그를 더 좋아하게 된다.
   (내가 그를 알면 알수록, 더 나는 그를 좋아하게 된다)
2. 우리가 더 높이 올라가면 갈수록, 날씨가 더 추워진다.
   (우리가 높이 올라가면 갈수록, 날씨가 더 추워진다)
3. 축구를 하면 할수록 더 재미있어질 것이다.
   (축구를 하면 할수록, 더 재미있어질 것이다)
4. 빠르면 빠를수록 더 좋다.
   (빠르면 빠를수록, 더 좋다)

1. 그녀는 그들 중에서 가장 예쁜 소녀다.
   (그녀는 가장 예쁜 소녀다, 그들 중에서)
2. 그녀는 그 반에서 가장 예쁜 소녀다.
   (그녀는 가장 예쁜 소녀다, 그 반에서)
= 그녀는 그 반에 있는 모든 소녀들 중에서 가장 예쁘다.
   (그녀는 가장 예쁘다, 모든 소녀들 중에서, 그 반에 있는)
3. 금은 모든 금속들 중에서 가장 귀하다.
   (금은 가장 귀하다, 모든 금속들 중에서)

Pattern 30 · The shoes are as good as they cost.

1 as ~ as ··· = ··· 만큼 ~하다

1. The shoes are **as** good **as** they cost.
2. It wasn't **as** good **as** the original.
3. I love you **as** much **as** she (does).
4. I love you **as** much **as** I love her.
5. Take **as** much **as** you want.
6. I will give you **as** much money **as** you need.
7. He runs **as** fast **as** you (run).
8. He walked **as** fast **as** he could.
9. Please come here **as** soon **as** possible.
10. This is three times **as** large **as** that.
11. This country is twice **as** large **as** that.

2 not as(so) ~ as ⋯ = ⋯만큼 ~ 이 아니다

1. It was**n't as** good **as** the original.
2. My watch is **not as** expensive **as** yours.
3. He is **not so** old **as** I am.

3 as far as = ~까지(거리), ~하는 한
so far as = ~하는 한(정도), ~만큼

1. I went **as far as** Busan.
2. **As far as** I am concerned, this plan has no problem.
3. **So far as** I know, they're dealing with computer parts, mainly for office use.
4. You will succeed **so far as** you persevere.

4 as long as = ~하는 동안, ~하는 한
so long as = ~하는 한, ~하기만 한다면

1. I will never forget it **as long as** I live.
2. Any book will do **so long as** it is interesting.
3. You may stay here **so long as** you keep quiet.

5 as soon as + S + V = ~하자마자

1. **As soon as** he saw me, he ran away.
   = **The moment** he saw me, he ran away.
2. **As soon as** he entered the room, he fell down.

6 such ~ as(같은) + 명사

1. We can't trust **such** a man **as** he.
2. There is no **such** thing **as** a free lunch.
3. There's no **such** thing **as** 'impossible'

7 such 명사 as + S + V = …한 그런 ~
the same 명사 as + S + V = …한 것과 같은 종류의 ~
the same 명사 that + S + V = …한 것과 똑 같은 ~

1. Don't read **such** books **as** you cannot understand.
2. This is **the same** watch **as** I lost yesterday.
3. This is **the same** watch **that** I lost yesterday.

Pattern Tip

1 'as ~ as …'에서 뒤의 as는 '만큼'으로 해석하고, 앞의 as는 말의 균형을 잡아주는 형식적인 요소로 무시한다.

3 4 'as far as'는 '~만큼 멀리'를 의미하므로 '~까지'로 해석하고 'as long as'는 '~만큼 길게'를 의미하므로 '~하는 동안'으로 해석한다. as far as, so far as, as long as, so long as 등은 모두 '~하는 한'으로 해석하기도 한다.

5 'as soon as'는 '~만큼 빨리'를 의미하므로 '~하자마자'로 해석한다.

영어식 해석

1. The shoes are as good(그 신발은 좋다) as it costs(그것이 가격이 매겨지는 만큼).
2. It wasn't as good(그것은 좋지는 않았다) as the original(원작만큼).
3. I love you(나는 너를 사랑한다) as much as she (does)(그녀가 사랑하는 만큼 많이).
4. I love you(나는 너를 사랑한다) as much as I love her(내가 그녀를 사랑하는 만큼 많이).
5. Take(가져라) as much(많이) as you want(네가 원하는 만큼).
6. I will give(나는 주겠다) you(너에게) as much money(많은 돈을) as you need(네가 필요한 만큼).
7. He runs(그는 뛴다) as fast as you (run)(너만큼 빨리).
8. He walked(그는 걸었다) as fast(빨리) as He could(그가 걸을 수 있는 만큼).
9. Please come here(여기에 오세요) as soon(빨리) as possible(가능한 만큼).
10. This is three times(이것은 3배나 된다) as large as that(저만큼 큰 크기의).

11. This country is twice(이 나라는 두 배나 된다) as large as that(그 나라만큼 큰 크기의).

1. It wasn't as good(그것은 좋지 않다) as the original(원작만큼).
2. My watch is not as expensive(내 시계는 비싸지 않다) as yours(너의 것만큼).
3. He is not so old(그는 나이가 많지 않다) as I am(내가 나이를 먹은 만큼).

1. I went(나는 갔다) as far(멀리) as Busan(부산만큼).
2. As far as I am concerned(나에 관한 한), this plan has no problem(이 계획은 문제가 없다).
3. So far as I know(내가 아는 한), they're dealing with(그들은 다루고 있다) computer parts(컴퓨터 부품들을), mainly for office use(주로 사무실 용도를 위한).
4. You will succeed(너는 성공할 것이다) so far as you persevere(네가 인내하는 만큼).

1. I will never forget(나는 결코 잊지 않을 것이다) it(그것을) as long as I live(내가 살아 있는 만큼 오래).
2. Any book will do(어느 책이든 괜찮다) so long as it is interesting(그것이 재미있기만 하다면).
3. You may stay(너는 머물러도 좋다) here(여기에) so long as you keep quiet (네가 조용히 있기만 한다면).

1. As soon as he saw me(그가 나를 보자마자), he ran away(그는 달아났다).
 = The moment he saw me(그가 나를 본 순간), he ran away(그는 달아났다).
2. As soon as he entered(그가 들어오자마자) the room(그 방에), he fell down(그는 쓰러졌다).

1. We can't trust(우리는 신뢰할 수 없다) such a man as he(그와 같은 남자를).
2. There is no such thing(그런 것은 없다) as a free lunch(공짜 점심 같은).
3. There's no such thing(그런 것은 없다) as 'impossible'(불가능한 것 같은).

1. Don't read(읽지 마라) such books(그런 책들을) as you cannot understand(네가 이해할 수 없는).
2. This is the same watch(이것은 같은 종류의 시계다) as I lost yesterday(내가 어제 잃어버린).
3. This is the same watch(이것은 똑 같은 시계다) that I lost yesterday(내가 어제 잃어버린).

영어식 영작

1. 그 신발은 비싼 만큼 제 값을 한다.
   (그 신발은 좋다, 그것이 가격이 매겨지는 만큼)
2. 그것은 원작만큼 좋지는 않았다.
   (그것은 좋지는 않았다, 원작만큼)
3. 나는 그녀 못지않게 당신을 사랑하고 있다.
   (나는 너를 사랑한다, 그녀가 사랑하는 만큼 많이).
4. 나는 그녀를 사랑하는 것만큼 너를 사랑하고 있다.
   (나는 너를 사랑한다, 내가 그녀를 사랑하는 만큼 많이).
5. 갖고 싶은 만큼 가져라.
   (가져라, 많이, 네가 원하는 만큼 많이)
6. 나는 너에게 필요한 만큼 많은 돈을 주겠다.
   (나는 주겠다, 너에게, 많은 돈을, 네가 필요한 만큼)
7. 그는 너만큼 빨리 뛴다.
   (그는 뛴다, 너만큼 빨리)
8. 그는 가능한 빨리 걸었다.
   (그는 걸었다, 빨리, 그가 걸을 수 있는 만큼)
9. 가능한 한 빨리 이리 오세요.
   (여기로 오세요, 빨리, 가능한 만큼)
10. 이것은 저것의 3배나 크다.
    (이것은 3배나 된다, 저만큼 큰 크기의)
11. 이 나라는 그 나라의 두 배나 크다.
    (이 나라는 두 배나 된다, 그 나라만큼 큰 크기의)

1. 그것은 원작만큼 좋지 않다.
   (그것은 좋지 않다, 원작만큼)
2. 내 시계는 너의 시계만큼 비싸지 않다.
   (내 시계는 비싸지 않다, 너의 것만큼)
3. 그는 나만큼 나이를 먹지 않았다.
   (그는 나이가 많지 않다, 내가 나이를 먹은 만큼)

1. 나는 부산까지 갔다.
   (나는 갔다, 멀리, 부산만큼)
2. 나에 관한 한, 이 계획은 문제가 없다.
   (나에 관한 한, 이 계획은 문제가 없다)
3. 내가 아는 한 그들은 주로 사무용 컴퓨터 부품들을 다루고 있다.
   (내가 아는 한, 그들은 다루고 있다, 컴퓨터 부품들을, 주로 사무실 용도를 위한)
4. 너는 인내하는 만큼 성공할 것이다.
   (너는 성공할 것이다, 네가 인내하는 만큼)

1. 내가 살아있는 한 나는 결코 그것을 잊지 않을 것이다.
   (나는 결코 잊지 않을 것이다, 그것을, 내가 살아 있는 만큼 오래)
2. 재미있기만 하다면 어느 책이든 괜찮다.
   (어느 책이든 괜찮다, 그것이 재미있기만 하다면)
3. 조용히 있기만 한다면 너는 머물러도 좋다.
   (너는 머물러도 좋다, 여기에, 네가 조용히 있기만 한다면)

1. 그는 나를 보자마자 달아났다.
   (그가 나를 보자마자, 그는 달아났다)
= 그가 나를 본 순간 달아났다.
   (그가 나를 본 순간, 그는 달아났다)
2. 그가 방에 들어오자마자 쓰러졌다.
   (그가 들어오자마자, 그 방에, 그는 쓰러졌다)

1. 우리는 그와 같은 남자를 신뢰할 수 없다.
   (우리는 신뢰할 수 없다, 그와 같은 남자를)

2. 공짜 점심 같은 것은 없다.
   (그런 것은 없다, 공짜 점심 같은)
3. 내 사전에 불가능이란 말은 없다.
   (그런 것은 없다, 불가능한 것 같은)

1. 네가 이해할 수 없는 그런 책들은 읽지 마라.
   (읽지 마라, 그런 책들을, 네가 이해할 수 없는)
2. 이것은 내가 어제 잃어버린 종류의 시계다.
   (이것은 같은 종류의 시계다, 내가 어제 잃어버린).
3. 이것은 내가 어제 잃어버린 바로 그 시계다.
   (이것은 똑 같은 시계다, 내가 어제 잃어버린)

Chapter 7

The rainbow

Pattern 31 The rainbow is so beautiful that it took my breath away.

1 so 형용사 that 주어 … = 너무 ~해서 …하다

1. The rainbow was **so** beautiful **that** it took my breath away.
2. He is **so** honest **that** we trust him.
3. It was **so** lovely a day **that** I went out.
4. It's **so** great **that** it will soon sweep the country.
5. I'm **so** certain **that** I'll go for broke.
6. I'm **so** tired of my job **that** I'm thinking of quitting.
7. My coworkers are **so** noisy they're driving me crazy.

2 such a 형용사 + 명사 that … = 너무 ~한 ~라서 …하다

1. He is **such** an honest man **that** we trust him.
   = He is so honest that we trust him.
2. It was **such** a lovely day **that** I went out.
   = It was so lovely a day that I went out.
3. He talked **such** a strange story **that** I got upset .
4. He is **such** a noisy man **that** he is driving me crazy.

Pattern Tip

1. so는 '그래서'를 의미하므로 'so 형용사 that …'은 '너무 ~해서 …하다'로 해석한다.
2. such는 '그러한'을 의미하므로 'such a 형 + 명 that …'은 '너무 ~한 ~라서 …하다'로 해석한다.

영어식 해석

1. The rainbow was so beautiful that(무지개가 너무 아름다워서) it took(그것은 잡았다) my breath away(나의 호흡을 떼 내서).
2. He is so honest that(그는 너무 정직해서) we trust him(우리는 그를 신뢰한다).
3. It was so lovely a day that(너무 아름다운 날이어서) I went out(나는 외출했다).
4. It's so great that(그것은 너무 훌륭해서) it will soon sweep(그것은 곧 휩쓸 거야) the country(전국을).
5. I'm so certain that(나는 너무 확실해서) I'm go for broke(나는 모든 것을 걸겠어).
6. I'm so tired of my job that(나는 내 일에 너무 지쳐서) I'm thinking of(나는 생각하고 있다) quitting(그만 둘 것을).
7. My coworkers are so noisy(나의 동료들이 너무 시끄러워서) they are driving me(그들은 나를 몰고 있다) crazy(미친 상태로).

1. He is such an honest man that(그는 너무 정직한 사람이어서) we trust him(우리는 그를 신뢰한다).
2. It was such a lovely day that(너무 아름다운 날이어서) I went out(나는 외출했다).
3. He talked(우리는 말했다) such a strange story that(너무 이상한 이야기를, 그래서) I got upset(나는 화가 났다).
4. He is such a noisy man that(그는 너무 시끄러운 사람이어서) he is driving me(그는 나를 몰고 있다) crazy(나를 미친 상태로).

영어식 영작

1. 무지개가 너무 아름다워서 숨도 못 쉴 정도였다.
   (무지개가 너무 아름다워서, 그것은 잡았다, 나의 호흡을 떼내서)
2. 그는 너무 정직해서 우리는 그를 신임한다.
   (그는 너무 정직해서, 우리는 그를 신뢰한다)
3. 너무 날씨가 좋아서 나는 외출했다.
   (너무 아름다운 날이어서, 나는 외출했다)
4. 그것은 너무 좋아서 곧 전국을 휩쓸 거야.
   (그것은 너무 훌륭해서, 그것은 곧 휩쓸 거야, 전국을)
5. 나는 너무 확실해서 모든 것을 걸겠어.
   (나는 너무 확실해서, 나는 모든 것을 걸겠어)
6. 이 일에 너무 질려 그만둘까 생각하고 있어.
   (나는 내 일에 너무 지쳐서, 나는 생각하고 있어, 그만 둘 것을)
7. 나와 함께 일하는 사람들이 너무 시끄러워 미치겠다.
   (나의 동료들이 너무 시끄러워서, 그들은 나를 몰고 있다, 미친 상태로)

1. 그는 너무 정직한 사람이어서 우리는 그를 신뢰한다.
   (그는 너무 정직한 사람이어서, 우리는 그를 신뢰한다)
2. 너무 아름다운 날이어서 나는 외출했다.
   (너무 아름다운 날이어서, 나는 외출했다)
3. 그가 나에게 이상한 이야기를 해서 화가 났다.
   (그는 말했다, 너무 이상한 이야기를, 그래서, 나는 화가 났다)
4. 그는 너무 시끄러운 사람이어서 나를 미치게 한다.
   (그는 너무 시끄러운 사람이어서, 그는 나를 몰고 있다, 미친 상태로)

Pattern 32 — **He is so rich that he can buy the helicopter.**

1 so 형용사 that 주어 can(may) ~ = 너무 ~해서 …할 수도 있다

1. He is **so** rich **that** he **can** buy the helicopter.
   = He is **so** rich **as to** buy the car.
   = He is rich **enough to** buy the car.
2. The radio is **so** small **that** you **can** put it in your pocket.
   = The radio is **so** small **as to** put in your pocket.
   = The radio is small **enough to** put in your pocket.

2 so 형용사 that 주어 can't ~ = 너무 ~해서 …할 수 없다

1. This stone is **so** heavy **that** I **can not** lift it.
   = This stone is **too** heavy for me **to** lift.
2. I am **so** busy **that** I **can't** get in touch with you.
3. I am **so** surprised **that I can't** speak.
4. He was **so** young **that** he **could not** go abroad by himself.

> **Pattern Tip**
>
> **1** so는 '그래서'를 의미하므로 'so ~ that 주어 can(may)'은 '너무 ~해서 …할 수도 있다'로 해석한다. as는 '만큼'을 의미하므로 'so ~ as to …'는 '…할 만큼 ~하다'로 해석하며 'so ~ that 주어 can(may)'과 같은 의미를 지닌다.
>
> **2** so는 '그래서'를 의미하므로 'so ~ that 주어 can't'은 '너무 ~해서 …할 수 없다'로 해석한다. 'too ~ to …'는 직역하면 '…하기에는 너무 ~하다'이므로 엄격히 말해 'so ~ that 주어 can't'과 같은 의미라고 하기에는 무리가 있다.

영어식 해석

1. He is so rich that(그는 너무 부자여서) he can buy(그는 살 수 있다) the helicopter(그 헬리콥터를).
   = He is so rich(그는 너무 부자다) as to buy the helicopter(그 헬리콥터를 살 만큼).
   = He is rich(그는 부자다) enough(충분할 정도로) to buy the helicopter(그 헬리콥터를 사기에).
2. The radio is so small that(그 라디오는 너무 작아서) you can put it(너는 그것을 놓을 수 있다) in your pocket(너의 포켓에).

1. This stone is so heavy that(이 돌은 너무 무거워서) I can not lift it(나는 그것을 들 수 없다).
   = This stone is too heavy(이 돌은 너무 무겁다) for me to lift(내가 들기에는).
2. I am so busy that(나는 너무 바빠서) I can't get in touch with you(너와 연락할 수 없다).
3. I am so surprised that(나는 너무 놀라서) I can't speak(나는 말을 할 수 없다).
4. He was so young that(그는 너무 어려서) he could not go abroad(외국에 갈 수 없다) by himself(혼자서).

영어식 영작

1. 그는 부자여서 그 헬리콥터를 살 수 있다.
   (그는 너무 부자여서, 그는 살 수 있다, 그 헬리콥터를)
= 그는 그 헬리콥터를 살 만큼 부자다.
   (그는 너무 부자다, 그 헬리콥터를 살 만큼)
= 그는 그 헬리콥터를 사기에 충분할 정도로 부자다.
   (그는 부자다, 충분할 정도로, 그 헬리콥터를 사기에)
2. 그 라디오는 너무 작아서 너는 그것을 포켓에 넣을 수 있다.
   (그 라디오는 너무 작아서, 너는 그것을 놓을 수 있다, 너의 포켓에)

1. 이 돌은 너무 무거워서 내가 들 수 없다.
   (이 돌은 너무 무거워서, 나는 그것을 들 수 없다).
= 이 돌은 내가 들기에는 너무 무겁다.(이 돌은 너무 무겁다, 내가 들기에는)
2. 나는 너무 바빠서 연락을 드릴수가 없었어요.
   (나는 너무 바빠서, 너와 연락할 수 없다)
3. 나는 너무 놀라서 말을 할 수 없다. (나는 너무 놀라서, 말을 할 수 없다)
4. 그는 너무 어려서 외국에 혼자 갈 수 없었다.
   (그는 너무 어려서, 외국에 갈 수 없었다, 혼자서)

Pattern 33 — **Let's sit on the bench so that we can catch our breath.**

1 so that 주어 ~ = 그래서 (that 이하) ~하다, 그래야 ~한다 / ~하도록

1. I had walked five miles, **so that** I got tired.
2. I was excited, **so that** I couldn't get to sleep.
3. Please wrap it up carefully **so that** it won't break.
4. Would you put the cover on the pot **so that** dust doesn't get in it?

2 so that 주어 may(can) ~ = 그래서 (that 이하) ~할 수 있다, 그래야 ~할 수 있다 / ~하도록, ~하기 위해

1. He works hard **so that** he **may** pass the exam.
   = He works hard **that** he **may** pass the exam.
   = He works hard **so as to** pass the exam.
   = He works hard **in order to** pass the exam.
   = He works hard **to** pass the exam.

2. We climbed higher **so that** we **could** get a better view.

3. Let's sit on the bench **so that** we **can** catch our breath.

4. Speak louder **so that** everyone **can** hear you.

3 so that 주어 may not ~ = 그래서 (that 이하) ~하지 않을 수 있다 / ~하지 않도록

1. He works hard **so that** he **may not** fail.

   = He works hard **so as not to** fail.

   = He works hard **lest** he **should** fail.

   = He works hard **not to** fail.

Pattern Tip

1 so는 '그래서'를 의미하므로 'so that ~'은 '그래서 (that 이하) ~하다'로 해석한다. 명령·제안·부탁의 경우에는 '그래야 ~한다'로 해석하며, '~하도록'으로 해석할 수 있다.

2 'so that 주어 may(can) ~'는 일반적으로 '~ 하기 위해, ~하도록'으로 해석하지만 빠르고 정확한 독해를 위해 '그래서 ~할 수 있다'로 있는 그대로 이해하는 것이 좋다. 명령·제안·부탁의 경우에는 '그래야 ~할 수 있다'로 해석한다.

3 'so that 주어 may not ~'는 일반적으로 '~ 하지 않도록'으로 해석하지만 빠르고 정확한 독해를 위해 '그래서 ~하지 않을 수 있다'로 있는 그대로 이해하는 것이 좋다.

* 'so ~ that …'는 '너무 ~해서 …하다'로 해석하고 'so that ~'는 '그래서 (that 이하) ~하다'로 해석하는 것이 포인트다. 나머지 요소는 있는 그대로 해석하면 된다.

영어식 해석

1. I had walked(나는 걸었다) five miles(5마일을), so that(그래서) I got tired (그래서 나는 피곤해졌다).
2. I was excited(나는 흥분했다), so that(그래서) I couldn't get to sleep(그래서 나는 잠자리에 들 수 없었다).
3. Please wrap it up(그것을 포장해 주세요) carefully(조심스럽게) so that(그래야) it won't break(그것이 깨지지 않지요).
4. Would you put the cover(뚜껑 좀 닫아 주실래요) on the pot(냄비에) so that(그래야) dust doesn't get in it(먼지가 들어가지 않지요)?

1. He works hard(그는 열심히 일한다) so that(그래서) he may pass the exam(그가 시험에 합격할 수 있다).
= He works hard(그는 열심히 일한다) so as to pass the exam(시험에 합격할 만큼 그렇게).
= He works hard(그는 열심히 일한다) to pass the exam(시험에 합격하기 위해).
2. We climbed higher(우리는 더 높이 등산했다) so that(그래서) we could get a better view(우리는 더 좋은 경치를 취할 수 있었다).
3. Let's sit on the bench(벤치 위에 앉자) so that(그래야) we can catch our breath(우리가 우리의 호흡을 잡을 수 있다).
4. Speak louder(더 크게 말하라) so that(그래야) everyone can hear you(모든 사람이 들을 수 있다).

1. He works hard(그는 열심히 일한다) so that(그래서) he may not fail(그는 실패하지 않을 수 있다).
= He works hard(그는 열심히 일한다) so as not to fail(실패하지 않을 만큼 그렇게).
= He works hard(그는 열심히 일한다) not to fail(실패하지 않기 위해).

영어식 영작

1. 나는 5마일이나 걸어서 피곤해졌다.
   (나는 걸었다, 5마일을, 그래서 나는 피곤해졌다)
2. 나는 흥분해서 잠자리에 들 수 없었다.
   (나는 흥분했다, 그래서 나는 잠자리에 들 수 없었다).
3. 그것이 깨지지 않도록 조심해서 포장해주세요.
   (그것을 포장해 주세요, 조심해서, 그래야 그것이 깨지지 않지요)
4. 먼지가 들어가지 않도록 냄비 뚜껑 좀 달아 주실래요?
   (뚜껑 좀 달아 주실래요, 냄비에, 그래야 먼지가 들어가지 않지요)

1. 그는 시험에 합격하기 위해 열심히 일한다.
   (그는 열심히 일한다, 그래서 그가 시험에 합격할 수 있다)
   (=그는 열심히 일한다, 시험에 합격할 만큼 그렇게)
   (=그는 열심히 일한다, 시험에 합격하기 위해)
2. 우리는 더 좋은 경치를 보기 위해 더 높이 올라갔다.
   (우리는 더 높이 등산했다, 그래서 우리는 더 좋은 경치를 취할 수 있었다)
3. 벤치 위에 앉아서 숨 좀 돌리자.(벤치 위에 앉자, 그래야 우리가 우리의 호흡을 잡을 수 있다)
4. 모든 사람이 들을 수 있도록 더 크게 말하라.
   (더 크게 말하라, 그래야 모든 사람이 들을 수 있다)

1. 그는 실패하지 않기 위해 열심히 일한다.
   (그는 열심히 일한다, 그래서 그는 실패하지 않을 수 있다)
   (=그는 열심히 일한다, 실패하지 않을 만큼 그렇게)
   (=그는 열심히 일한다, 실패하지 않기 위해)

Pattern 34 — He has a daughter who became an actress.

1 사람 + who(~하는, ㄴ) + 동사

1. He has a daughter **who** became an actress.
2. He doesn't look like a guy **who**'ll ever cheat on his wife.
3. He **who** makes no mistakes makes nothing.

2 사람 + whose(~하는, ㄴ) + 명사 + 동사

1. This is the boy **whose** father is a teacher
2. Children **whose** parents are dead are called orphans.
3. I saw a girl **whose** hair came down to her waist.

3 사람 + whom(~하는, ㄴ) + 주어 +동사

1. The girl **whom** you met yesterday is my sister.
2. I take pictures of people **whom** I meet.
3. The man **whom** I have known very well killed his wife.
4. He is the one **whom**(who) I was looking for.

Pattern Tip

1 who는 앞의 사람을 받아 주어 역할을 하고 뒤에 동사가 온다.
2 whose는 앞의 사람을 받아 소유격 역할을 하고 뒤에 명사가 온다.
3 whom은 앞의 사람을 받아 목적격 역할을 하고 뒤에 주어가 온다.

* 명사 다음에 오는 wh-(who, whose, whom, which, when, where, why, how) 와 that는 무조건 '~하는, ~ㄴ'으로 해석한다.

 선행사가 사람인지 사물인지, 주격인지 목적격인지 하는 것은 당장 몰라도 해석하는 데는 전혀 문제가 없다. 문법적 쓰임은 문장 속에서 익혀도 충분하다. 시험에서는 문법적 사항을 묻는 문제는 이제 더 이상 출제되지 않는다. '명사 + -wh, that'에서 -wh, that를 '~하는'으로 해석할 줄만 알아도 관계대명사 혹은 관계부사는 더 이상 공부하지 않아도 된다. 만약 작문을 할 경우 어떤 관계대명사를 사용해야 하는지 잘 모를 경우에는 소유격만 제외하고 모두 that를 사용하면 된다. that는 약방의 감초격인 '감초 관계사'이다.

영어식 해석

1. He has(그는 가지고 있다) a daughter(딸 하나를) who became an actress(여배우가 된).
2. He doesn't look(그는 보이지 않는다) like a guy(남자처럼) who'll ever cheat on his wife(아내 몰래 바람을 피울).
3. He(그는) who makes no mistakes(실수를 만들지 않는) makes nothing(아무것도 만들지 못한다).

1. This is the boy(이 애가 그 소년이다) whose father is a teacher(아버지가 선생님인).
2. Children(아이들은) whose parents are dead(부모가 죽은) are called(불린다) orphans(고아라고).
3. I saw(나는 보았다) a girl(한 소녀를) whose hair came down(머리가 내려온) to her waist(그녀의 허리까지).

1. The girl(그 소녀는) whom you met yesterday(네가 어제 만난) is my secretary(나의 여동생이다).
2. I take pictures(나는 사진들을 찍는다) of people(사람의) whom I meet(내가 만나는).
3. The man(그 남자는) whom I have known very well(내가 매우 잘 알고 있는) killed(죽였다) his wife(그의 아내를).
4. He is the one(그는 사람이다) whom(who) I was looking for(내가 찾고 있었던).

영어식 영작

1. 그에게는 여배우가 된 딸 한 명이 있다.
   (그는 가지고 있다, 딸 하나를, 여배우가 된)
2. 그는 아내 몰래 바람을 피울 사람 같아 보이지는 않는다.
   (그는 보이지 않는다, 남자처럼, 아내 몰래 바람을 피울)
3. 실수를 하지 않는 사람은 아무 일도 못한다.
   (그는, 실수를 만들지 않는, 아무 것도 만들지 못한다)

1. 이 아이의 아버지가 선생님인 그 소년이다.
   (이 애가 그 소년이다, 아버지가 선생님인)
2. 부모가 죽은 아이들은 고아라고 불린다.
   (아이들은, 부모가 죽은, 불린다, 고아라고)
3. 나는 머리가 허리까지 내려온 소녀를 보았다.
   (나는 보았다, 한 소녀를, 머리가 내려온, 그녀의 허리까지)

1. 네가 어제 만난 그 소녀는 내 여동생이다.
   (그 소녀는, 네가 어제 만난, 나의 여동생이다)
2. 나는 내가 만나는 사람의 사진을 찍는다.
   (나는 사진들을 찍는다, 사람의, 내가 만나는)
3. 내가 잘 알고 있는 그 남자는 자신의 아내를 죽였다.
   (그 남자는, 내가 매우 잘 알고 있는, 죽였다, 그의 아내를)
4. 그는 내가 찾고 있었던 사람이다.
   (그는 사람이다, 내가 찾고 있었던)

Pattern 35   She made a doll which had blue eyes.

1 동물, 사물 + which(~하는) + 동사

1. She made a doll **which** had blue eyes.
2. There is an ingredient called saponin in insam **which** makes cells strong so the body can resist disease.

2 형용사, 구, 절 + ,which(그런데 그것은) + 동사

1. He lent me a book**, which** interested me.
2. He is rich**, which** I unfortunately am not.
3. You say so**, which** is a clear proof of your honesty.
4. He tried to swim across the river**, which** was impossible.
5. He sometimes speaks German**, which** language I cannot understand.

Pattern Tip

1 which는 선행사가 동물이나 사물일 때 쓰인다.
2 which 앞에 코머(,)가 오면 형용사·구·절도 선행사로 받으며 '그런데 그것은' 으로 해석한다.

> 영어식 해석

1. She made a doll(그녀는 인형을 만들었다) which had blue eyes(파란 눈을 가진).
2. There is an ingredient(성분이 있다) called saponin(사포닌이라고 불리는) in insam(인삼에는) which makes cells strong(세포를 강하게 만드는) so the body can resist disease(신체가 병에 저항하도록).

1. He lent me a book(그는 나에게 책 한 권을 빌려주었다), which(그런데 그것은) interested me(나를 흥미롭게 했다).
2. He is rich(그는 부유하다), which(그런데) I unfortunately am not(나는 불행하게도 부유하지 않다).
3. You say so(너는 그렇게 말한다), which(그런데 그것은) is a clear proof(명백한 증거다) of your honesty(너의 정직함의).
4. He tried to swim(그는 수영하려 했다) across the river(강을 건너), which(그런데 그것은) was impossible(불가능했다).
5. He sometimes speaks(그는 가끔 말한다) German(독일어를), which language(그런데 그 언어를) I cannot understand(나는 이해할 수 없다).

영어식 영작

1. 그녀는 파란 눈을 가진 인형을 만들었다.
   (그녀는 인형을 만들었다, 파란 눈을 가진)
2. 인삼에는 신체가 병에 저항하도록 세포를 강화시키는 사포닌이라는 성분이 있다.
   (성분이 있다, 사포닌이라고 불리는, 인삼에는, 세포를 강하게 만드는, 신체가 병에 저항하도록)

1. 그가 나에게 책 한 권을 빌려주었는데 그것은 나의 흥미를 끌었다.
   (그는 나에게 책 한 권을 빌려주었다, 그런데 그것은, 나를 흥미롭게 했다)
2. 그는 부자지만 나는 불행하게도 부자가 아니다.
   (그는 부유하다, 그런데, 나는 불행하게도 부유하지 않다)
3. 너는 그렇게 말하는데 그것이 네가 정직하다는 명백한 증거다.
   (너는 그렇게 말한다, 그런데 그것은, 명백한 증거다, 너의 정직함의)
4. 그는 수영을 해서 강을 건너려 했는데 그것은 불가능했다.
   (그는 수영하려 했다, 강을 건너, 그런데 그것은, 불가능했다)
5. 그는 가끔 독일어를 말하는데 그 언어를 나는 이해할 수 없다.
   (그는 가끔 말한다, 독일어를, 그런데 그 언어를, 나는 이해할 수 없다)

Chapter 8

The best music

Pattern 36 **This is the best music that I have ever heard.**

① 사람, 동물, 사물 + that (주어) + 동사

1. The girl **that**(=who) lives opposite to my house works in a bank.
2. Look at the boy and the dog **that** are coming this way.

② 최상급, 서수, the only, the very, the same, all, any, every, 의문대명사 + that

1. This is **the best** music **that** I have ever heard.
2. He is **the only** poet **that** I know well.
3. This is **the very** film **that** I have wanted to see.
4. I use **the same** books **that** my sister used.
5. **All that** glitters is not gold.
6. **Any** man **that** knows English will be employed.
7. She answered **every** letter **that** she receives.
8. **Who** is the gentleman **that** is standing over there?

Pattern Tip

1 that는 소유격을 제외한 어떤 경우에도 사용할 수 있는 약방의 감초격인 '감초 관계사'다. 선행사가 '사람 + 동물', '사람 + 사물' 인 경우에는 that를 사용한다.

2 that는 제한적 용법으로만 사용되므로 that 앞에 전치사가 올 수 없다. that는 한정의 뜻이 강하므로 선행사 앞에 최상급의 형용사, 서수, the only, the same, all, any, every, no, very, 의문대명사 등이 올 때 사용한다.

영어식 해석

1. The girl(그 소녀는) that lives(사는) opposite to my house(나의 집 맞은 편에) works in a bank(은행에서 일한다).
2. Look at the boy and the dog(소년과 개를 보라) that are coming(오고 있는) this way(이쪽으로).

1. This is the best music(이것은 가장 좋은 음악이다) that I have ever heard(내가 지금까지 들어온 것 중에서).
2. He is the only poet(그는 유일한 시인이다) that I know well(내가 잘 아는).
3. This is the very film(이것이 바로 그 필름이다) that I have wanted to see(내가 보기를 원했던).
4. I use(나는 사용한다) the same books(같은 책들을) that my sister used(내 누이가 사용한).
5. All(모든 것은) that glitters(반짝이는) is not gold(금이 아니다).
6. Any man(모든 사람은) that knows English(영어를 아는) will be employed(채용될 것이다).
7. She answered(그녀는 답변했다) every letter(모든 편지에 대해) that she receives(그녀가 받는).
8. Who is the gentleman(누구지 그 신사는) that is standing(서 있는) over there(저기에)?

영어식 영작

1. 나의 집 맞은편에 사는 그 소녀는 은행에서 일한다.
   (그 소녀는, 사는, 나의 집 맞은편에, 은행에서 일한다)
2. 이쪽으로 오고 있는 소년과 개를 보라.
   (소년과 개를 보라, 오고 있는, 이쪽으로)

1. 이것은 내가 지금까지 들어본 음악 중에서 가장 좋은 음악이다.
   (이것은 가장 좋은 음악이다, 내가 지금까지 들어본 것 중에서)
2. 그는 내가 잘 아는 유일한 시인이다.
   (그는 유일한 시인이다, 내가 잘 아는)
3. 이것은 내가 보기를 원했던 바로 그 필름이다.
   (이것이 바로 그 필름이다, 내가 보기를 원했던)
4. 나는 내 누이가 사용한 것과 같은 책들을 사용한다.
   (나는 사용한다, 같은 책들을, 내 누이가 사용한)
5. 반짝인다고 모두 금은 아니다.
   (모든 것은, 반짝이는, 금이 아니다)
6. 영어를 아는 모든 사람은 채용될 것이다.
   (모든 사람은, 영어를 아는, 채용될 것이다)
7. 그녀는 받는 편지는 모두 답장을 보냈다.
   (그녀는 답변했다, 모든 편지에 대해, 그녀가 받는)
8. 저기에 서 있는 신사는 누구지?
   (누구지 그 신사는, 서 있는, 저기에)

These sunglasses I bought are very popular.

1 명사 + (that) + 명사

1. **These sunglasses I** bought are very popular.
2. **The man we** met there is a famous poet.
3. **All I** have to do is to memorize the lesson.
4. I don't like that arrogant **smile he**'s wearing.
5. She's one of the dumbest **persons I**'ve ever met.
6. A man is known by **the company he** keeps.
7. I don't like the **way he** shows off in front of everyone.

2 명사 + 전치사 + 관계대명사

1. This is the house **in which** I live.
   = This is the house **which** I live **in**.
   = This is the house I live **in**.
2. Tennis is the sport **of which** I am fond.

Pattern Tip

1 명사가 연이어 나오면 명사 사이에는 관계대명사 that(whom, which)가 생략돼 있다.
2 관계대명사 앞에 전치사가 있을 때는 관계대명사를 생략할 수 없다.

영어식 해석

1. These sunglasses(그 선글라스는) I bought(내가 산) are very popular(매우 인기가 있다).
2. The man(그 남자는) we met there(우리가 거기서 만났던) is a famous poet(유명한 시인이다).
3. All(모든 것은) I have to do(내가 해야 하는) is to memorize the lesson(그 과를 암기하는 것이다).
4. I don't like(나는 좋아하지 않는다) that arrogant smile(저 거만한 미소를) he's wearing(그가 입고 있는).
5. She is one of the dumbest persons(그녀는 가장 둔한 사람들 중 한 명이다) I'me ever met(내가 지금까지 만난).
6. A man is known(사람은 알려진다) by the company(친구에 의해) he keeps(그가 사귀는).
7. I don't like(나는 좋아하지 않는다) the way(그 방식을) he shows off(그가 자랑하는) in front of everyone(그가 모든 사람들 앞에서).

1. This is the house(이것은 집이다) in which I live(내가 사는).
2. Tennis is the sport(테니스는 스포츠다) of which I am fond(내가 좋아하는).

영어식 영작

1. 내가 산 그 선글라스는 매우 인기가 있다.
   (그 선글라스는, 내가 산, 매우 인기가 있다)
2. 우리가 거기서 만났던 남자는 유명한 시인이다.
   (그 남자는, 우리가 거기서 만났던, 유명한 시인이다)
3. 내가 해야 할 일은 단지 그 과를 암기하는 것이다.
   (모든 것은, 내가 해야 하는, 그 과를 암기하는 것이다)
4. 나는 그의 거만한 미소가 싫다.
   (나는 좋아하지 않는다, 저 거만한 미소를, 그가 입고 있는)
5. 그녀는 내가 본 사람 중에 가장 우둔한 사람에 속한다.
   (그녀는 가장 둔한 사람들 중 한 명이다, 내가 지금까지 만난)
6. 사람은 그가 사귀는 친구를 보면 알 수 있다.
   (사람은 알려진다, 친구에 의해, 그가 사귀는)
7. 나는 그가 여러 사람 앞에서 자랑하는 꼴이 보기 싫다.
   (나는 좋아하지 않는다, 그 방식을, 그가 자랑하는, 모든 사람들 앞에서)

1. 이집이 내가 사는 집이다.(이것은 집이다, 내가 사는)
2. 테니스는 내가 좋아하는 스포츠다.(테니스는 스포츠다, 내가 좋아하는)

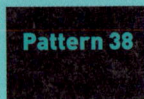

Pattern 38 This bike is really what I wanted to have.

1 what(~것) + S + V

1. This bike is really **what** I wanted to have.
2. That's **what** I say!
3. Guess **what** I got for your birthday.
4. The reporters took down **what** I said.
5. I really don't care **what** people say about me or how I look anymore.
6. Never put off till tomorrow **what** can be done today.

2 ask, wonder, know + what(~지)

1. I asked him **what** he had found.
2. I wondered **what** happened.
3. I wanted to know exactly **what** made a winning team.

3 관용적 표현

1. He is not **what he was**.
2. A man should be judged by **what he is**, not by **what he has**.
3. He is **what you call** a walking dictionary.
4. She is beautiful, and **what is better**, very intelligent.
5. He failed in business, and **what was worse**, he fell ill.

Pattern Tip

1 선행사를 포함한 관계대명사 what은 '(~하는) 것'으로 해석한다.
2 ask, wonder, know 등 의문과 관련된 동사 뒤에 오는 what은 대체로 '~지'로 해석되는 의문대명사다.

영어식 해석

1. This bike(이 자전거는) is really what I wanted(정말 내가 원했던 것이다) to have(가지기를).
2. That is(그것은 ~이다) what I say(내가 말하는 것)!
3. Guess(짐작해 봐) what I got(내가 가지고 있는 것을) for your birthday(너의 생일을 위해).
4. The reporter(그 기자는) took down(받아썼다) what I said(내가 말한 것을).
5. I really don't care(나는 정말 신경 쓰지 않는다) what people say about me(사람들이 나에 대해 말하는 것을) or how I look(혹은 내가 어떻게 보이는 지를) anymore(더 이상).
6. Never put off(결코 미루지 말라) till tomorrow(내일까지) what can be done today(오늘 행해질 수 있는 것을).

1. I asked him(나는 그에게 물었다) what he had found(그가 무엇을 발견했는지를).
2. I wondered(나는 궁금했다) what happened(무슨 일이 생겼는지).
3. I wanted to know(나는 알기를 원했다) exactly(정확히) what made a winning team(무엇이 승리 팀을 만들었는지를).

1. He is not what he was(그는 과거의 그가 아니다).
2. A man should be judged(사람은 평가돼야 한다) by what he is(그가 어떤 사람인가에 의해), not by what he has(그가 가지고 있는 것에 의해서가 아니라).
3. He is(그는 ~이다) what you call(소위) a walking dictionary(걸어 다니는 사전).
4. She is beautiful(그녀는 아름답다), and what is better(더 좋은 것은), very intelligent(매우 영리하다는 것이다).
5. He failed(그는 실패했다) in business(사업에), and what was worse(더 나쁜 것은), he fell ill(그가 병에 걸렸다는 것이다).

영어식 영작

1. 이 자전거는 정말 내가 가지기를 원했던 것이다.
   (이 자전거는, 정말 내가 원했던 것이다, 가지기를)
2. 내 말이 그 말이야.(그것은 ~이다, 내가 말하는 것)
3. 너의 생일을 위해 내가 무엇을 준비했는지 맞춰봐.
   (짐작해 봐, 내가 가지고 있는 것을, 너의 생일을 위해)
4. 그 기자는 내가 말한 것을 받아썼다.(그 기자는, 받아썼다, 내가 말한 것을)
5. 나는 사람들이 나에 대해 뭐라고 말하는지, 혹은 내가 어떻게 보이는지 더 이상 신경쓰지 않는다.
   (나는 정말 신경 쓰지 않는다, 사람들이 나에 대해 말하는 것을, 혹은 내가 어떻게 보이는 지를, 더 이상)
6. 오늘 할 수 있는 것을 내일로 미루지 말라.
   (결코 미루지 말라, 내일까지, 오늘 행해질 수 있는 것을)

1. 나는 그가 무엇을 발견했는지 그에게 물었다.
   (나는 그에게 물었다, 그가 무엇을 발견했는지를)
2. 나는 무슨 일이 생겼는지 궁금했다.(나는 궁금했다, 무슨 일이 생겼는지)
3. 나는 무엇이 승리 팀을 만들었는지 정확히 알기를 원했다.
   (나는 알기를 원했다, 정확히, 무엇이 승리 팀을 만들었는지를)

1. 그는 과거의 그가 아니다.(그는 과거에 그랬던 그런 사람이 아니다)
2. 사람은 재산에 의해서가 아니라 인격에 의해서 평가 받아야 한다.
   (사람은 평가돼야 한다, 그가 어떤 사람인가에 의해, 그가 가지고 있는 것에 의해서가 아니라)
3. 그는 소위 걸어 다니는 사전이다.(그는 ~이다, 소위, 걸어 다니는 사전)
4. 그녀는 아름답다, 그런데 더욱 좋은 것은 매우 영리하다는 것이다.
   (그녀는 아름답다, 더 좋은 것은, 매우 영리하다는 것이다)
5. 그는 사업에 실패했다, 그런데 설상가상으로 병에 들었다.
   (그는 실패했다, 사업에, 더 나쁜 것은, 그가 병에 걸렸다는 것이다)

Pattern 39 **This is the house where I live.**

1 명사 + when(~하는)

1. I don't remember the day **when** Mr. Kim left Seoul.
2. There are frequent occasions **when** joking is not allowable.
3. When a child is born, he is already one year old because Koreans count **the time** we spent in our mother's womb.
4. Come **when** you wish.

2 명사 + where(~하는)

1. This is the house **where** I live.
2. I like to climb the mountain **where** there is some snow.
3. He scratched **the place where** the mosquito bit him.
4. Do you know **where** the children play?

3 명사 + why(~하는)

1. Do you know **the reason why** he didn't come.
2. Tell me **why** you left me.

4 명사 + how(~하는)

1. This is **the way how** I solved the problem.
2. Tell me **how** you solved the problem.

Pattern Tip

1 '명사 + -wh(when, where, why, how)'에서 -wh는 무조건 '~하는'으로 해석한다.
2 when 앞에는 시간 표시 명사, where 앞에는 장소 표시 명사, why 앞에는 the reason이 오고, how 앞에는 선행사가 오지 않는다.
3 선행사가 생략된 where는 '하는 곳', when은 '하는 때', why는 '하는 이유', how는 '하는 방법'으로 해석한다.
4 일반적으로 ask, know, tell 등 의문과 관련된 동사 뒤에 오는 when, where, why는 명사절 접속사로서 '~지'로 해석할 수 있다.

> 영어식 해석

1. I don't remember(나는 기억하지 못한다) the day when Mr. Kim left(김 선생님이 떠난 날을) Seoul(서울을).
2. There are frequent occasions(흔한 경우들이 있다) when joking is not allowable(농담이 허용되지 않는).
3. When a child is born(아기가 태어났을 때), he is already one year old(그는 이미 한 살이다) because Koreans count(왜냐하면 한국인들은 계산하기 때문에) the time we spent in our mother's womb(우리가 엄마 자궁에서 보낸 시간을).
4. Come(오라) when you wish(네가 원하는 때에).

1. This is the house(이것이 집이다) where I live(내가 사는).
2. I like(나는 좋아한다) to climb(올라가는 것을) the mountain(산을) where there is some snow(약간의 눈이 있는).
3. He scratched(그는 긁었다) the place where the mosquito bit him(모기가 그를 문 곳을).
4. Do you know(너는 아니) where the children play(아이들이 노는 곳을/어디서 아이들이 노는지를)?

1. Do you know(너는 아니) the reason why he didn't come(그가 오지 않은 이유를).
2. Tell me(나에게 말해줘) why you left me(네가 나를 떠난 이유를).

1. This is the way(이것이 방법이다) how I solved the problem(내가 그 문제를 푼).
2. Tell me(나에게 말해줘) how you solved the problem(네가 그 문제를 푼 방법을).

영어식 영작

1. 나는 김 선생님이 서울을 떠난 날을 기억하지 못한다.
   (나는 기억하지 못한다, 김 선생님이 떠난 날을, 서울을)
2. 농담이 허용되지 않는 경우가 흔히 있다.
   (흔한 경우들이 있다, 농담이 허용되지 않는)
3. 한국인들은 엄마 뱃속에서 보낸 시간도 계산하기 때문에 아이가 태어나면 이미 한 살이다.
   (아기가 태어났을 때, 그는 이미 한 살이다, 왜냐하면 한국인들은 계산하기 때문에, 우리가 엄마 자궁에서 보낸 시간을)
4. 네가 원하는 때에 오라.(오라, 네가 원하는 때에)

1. 이 집이 내가 사는 집이다.
   (이것이 집이다, 내가 사는)
2. 나는 눈이 약간 있는 산을 오르는 것을 좋아한다.
   (나는 좋아한다, 올라가는 것을, 산을, 약간의 눈이 있는)
3. 그는 모기가 문 곳을 긁었다.
   (그는 긁었다, 모기가 그를 문 곳을)
4. 너는 아이들이 노는 곳을 아니? (너는 아이들이 어디에서 노는지를 아니?)
   (너는 아니, 아이들이 노는 곳을)

1. 너는 그가 오지 않은 이유를 아니?
   (너는 아니, 그가 오지 않은 이유를)
2. 네가 나를 떠난 이유를 나에게 말해줘.
   (나에게 말해줘, 네가 떠난 이유를)

1. 이것이 내가 그 문제를 푼 방법이다.
   (이것이 방법이다, 내가 그 문제를 푼)
2. 네가 그 문제를 푼 방법을 말해줘.
   (나에게 말해줘, 네가 그 문제를 푼 방법을)

My dog wags his tail whenever he sees me.

1 whoever(누구든지), whichever(어느 것이든지), whatever(무엇이든지)

1. **Whoever** wishes to succeed must be industrious.
2. Choose **whichever** you like.
3. I will give you **whatever** you need.

2 whenever(언제라도, 언제나), wherever(어디라도, 어디나)

1. My dog wags his tail **whenever** he sees me.
2. **Whenever** I visited him, he was not at home.
3. I will see him **whenever** he likes to come.
4. **Wherever** you may go, I will follow you.
5. You may go **wherever** you like.

3 however(아무리 ~일지라도) + 형용사
however(어떻게 ~할지라도) + S + V

1. **However** rich you may be, you can't buy it.
   = No matter how rich you may be, you can't buy it.
2. **However** you do it, the result is the same.

> **Pattern Tip**
>
> 1. who, which, what에 -ever가 붙으면 '~든지'로 해석한다. whoever는 '누구든지', whichever는 '어느 것이든지', whatever는 '무엇이든지'로 해석한다.
> 2. whenever는 '언제라도, 언제나', wherever는 '어디라도, 어디나'로 해석한다.
> 3. however 다음에 형용사가 오면 '아무리 ~일지라도'로 해석하고 '주어+동사'가 오면 '어떻게 ~할지라도'로 해석한다.

영어식 해석

1. Whoever wishes(원하는 사람은 누구나) to succeed(성공하기를) must be industrious(부지런해야 한다).
2. Choose(선택하라) whichever you like(네가 좋아하는 것은 어느 것이든지).
3. I will give(나는 줄 것이다) you(너에게) whatever you need(네가 필요로 하는 것은 무엇이든지).

1. My dog(내 개는) wags his tail(그의 꼬리를 흔든다) whenever he sees me(그가 나를 볼 때는 언제나).
2. Whenever I visited him(내가 그를 방문했을 때는 언제나), he was not at home(그는 집에 없었다).
3. I will see him(나는 그를 볼 것이다) whenever he likes to come(그가 오고 싶을 때는 언제라도).
4. Wherever you may go(네가 가는 곳은 어디라도), I will follow you(나는 너를 따라갈 것이다).
5. You may go(너는 가도 좋다) wherever you like(네가 좋아하는 곳이 어디라도).

1. However rich you may be(네가 아무리 부자라도), you can't buy it(너는 그것을 살 수 없다).
2. However you do it(네가 그것을 어떻게 할지라도), the result is the same(결과는 마찬가지다).

영어식 영작

1. 성공하기를 원하는 사람은 누구나 근면해야 한다.
   (원하는 사람은 누구든지, 성공하기를, 부지런해야 한다)
2. 네가 좋아하는 어느 것이든 선택하라.
   (선택하라, 네가 좋아하는 것은 어느 것이든지)
3. 나는 네가 필요한 것은 무엇이든 너에게 주겠다.
   (나는 줄 것이다, 너에게, 네가 필요로 하는 것은 무엇이든지)

1. 내 개는 나를 볼 때마다 꼬리를 흔든다.
   (내 개는, 그의 꼬리를 흔든다, 그가 나를 볼 때는 언제나)
2. 내가 그를 방문했을 때는 언제나 집에 없었다.
   (내가 그를 방문했을 때는 언제나, 그는 집에 없었다).
3. 나는 그가 오고 싶을 때는 언제라도 그를 볼 것이다.
   (나는 그를 볼 것이다, 그가 오고 싶을 때는 언제라도)
4. 네가 가는 곳은 어디라도 너를 따라갈 것이다.
   (네가 가는 곳은 어디라도, 나는 너를 따라갈 것이다)
5. 너는 가기 원하는 곳이 어디라도 가도 좋다.
   (너는 가도 좋다, 네가 좋아하는 곳이 어디라도)

1. 네가 아무리 부자라도 너는 그것을 살 수 없다.
   (네가 아무리 부자라도, 너는 그것을 살 수 없다)
2. 네가 그것을 어떻게 할지라도 결과는 마찬가지다.
   (네가 그것을 어떻게 할지라도, 결과는 마찬가지다)

Chapter 9

A guitar

Pattern 41 — If I had the money, I would buy a guitar.

1 If S + 현재동사, S + 현재조동사 = ~하면 …할 것이다

1. If he **is** honest, I **will** employ him.
2. If it **rains**[rain] tomorrow, I **will** not start.
3. If he **is**[be] old, I **will** not employ him.

2 If S + 과거동사, S + 과거조동사 = ~하면 …할 텐데

1. If he **were**(was) honest, I **would** employ him.
2. If I **had** the money, I **would** buy a guitar.
3. If it **were** not for my poverty, I **could** buy the guitar.
   = Were it not for my poverty, I could buy the guitar.
   = But for[Without] my poverty, I could buy the guitar.
4. If I **were** a millionaire, I **would** not buy it.

3 If S + had pp, S + 과거조동사 have pp = ~했다면 …했을 텐데

1. If he **had been** honest, I **would have** employ**ed** him.
2. If I **had not been** ill, I **would have gone** there.
   = Had I not been ill, I would have gone there.
   = But for[without] my illness, I would have gone there.
3. If I **had had** money enough, I **would have bought** the house.

4 혼합 가정문

1. If he worked hard **last year**, he may pass the coming exam.
2. If he had not been killed in the war, he would be **now** thirty years old.

Pattern Tip

가정법은 의외로 간단하다. 문형은 시제의 일치에만 유의하면 되고, 가정의 정도는 현재보다 과거가 더 강하고, 과거완료는 거의 실현 불가능한 일을 가정한다고만 알아두면 된다. 기존 가정법 설명과 괄호 안의 설명을 비교해 보고 이해가 되지 않는 기존 설명은 잊어버려라.

1 가정법 현재는 현재 또는 미래에 대한 불확실한 가정을 나타낸다.
(가능성 비교적 높음: 현재시제)
2 가정법 과거는 현재의 사실에 반대되는 것을 가정해서 나타낸다.
(가능성 비교적 낮음: 과거시제)
3 가정법 과거완료는 과거의 사실과 반대되는 것을 가정한다.
(실현 불가능: 과거완료시제)

> 영어식 해석

1. If he is honest(그가 정직하다면), I will employ him(나는 그를 고용할 것이다).
2. If it rain[rains](비가 온다면) tomorrow(내일), I will not start(나는 출발하지 않을 것이다).
3. If he is[be] old(그가 나이가 많다면), I will not employ him(나는 그를 고용하지 않을 것이다).

1. If he were(was) honest(그가 정직하다면), I would employ him(나는 그를 고용할 텐데).
2. If I had the money(내가 돈을 가지고 있다면), I would buy a guitar(기타를 살 텐데).
3. If it were not for(그것이 없었다면) my poverty(나의 가난이), I could buy(나는 살 수 있었을 텐데) the guitar(그 기타를).
4. If I were a millionaire(내가 백만장자일지라도), I would not buy it(나는 그것을 사지 않겠다).

1. If he had been honest(그가 정직했다면), I would have employed(나는 채용했을 텐데) him(그를).
2. If I had not been ill(내가 아프지 않았다면), I would have gone there(나는 거기에 갔을 텐데).
3. If I had had(내가 가지고 있었으면) money enough(충분한 돈을), I would have bought(나는 샀을 텐데) the house(그 집을).

1. If he worked hard(그가 열심히 일했다면) last year(작년에), he may pass(그는 통과할지도 모른다) the coming exam(다가오는 시험을).
2. If he had not been killed(그가 죽지 않았다면) in the war(전쟁에서), he would be now thirty years old(그는 지금 30살일 것이다).

182

영어식 영작

1. 그가 정직하다면 나는 그를 채용할 것이다.
   (그가 정직하다면, 나는 그를 고용할 것이다)
2. 내일 비가 온다면, 나는 출발하지 않을 것이다.
   (비가 온다면, 내일, 나는 출발하지 않을 것이다)
3. 그가 나이가 많다면 나는 그를 고용하지 않을 것이다.
   (그가 나이가 많다면, 나는 그를 고용하지 않을 것이다)

1. 그가 정직하다면 나는 그를 고용할 텐데.
   (그가 정직하다면, 나는 그를 고용할 텐데)
2. 내가 돈을 가지고 있다면 기타를 살 텐데.
   (내가 돈을 가지고 있다면, 나는 기타를 살 텐데)
3. 내가 가난하지 않다면 나는 그 기타를 살 수 있을 텐데
   (그것이 없었다면, 나의 가난이, 나는 살 수 있을 텐데, 그 기타를)
4. 내가 백만장자일지라도 그것을 사지 않겠다.
   (내가 백만장자일지라도, 나는 그것을 사지 않겠다)

1. 그가 정직했다면 나는 그를 채용했을 텐데.
   (그가 정직했다면, 나는 채용했을 텐데, 그를)
2. 내가 아프지 않았다면, 거기에 갔을 텐데.
   (내가 아프지 않았다면, 나는 거기에 갔을 텐데)
3. 내가 충분한 돈을 가지고 있었으면 그 집을 샀을 텐데.
   (내가 가지고 있었으면, 충분한 돈을, 나는 샀을 텐데, 그 집을)

1. 그가 작년에 열심히 공부했다면 다가오는 시험에 합격할 것이다.
   (그가 열심히 일했다면, 작년에, 그는 통과할지도 모른다, 다가오는 시험을)
2. 그가 전쟁에서 죽지 않았다면 그는 지금은 30살일 것이다.
   (그가 죽지 않았다면, 전쟁에서, 그는 지금 30살일 것이다)

If I were to be young again, I would be a singer.

1 If S + should ~, S + 과거(현재)조동사 ~ = '만일(만에 하나) ~한다면 …할 것이다'

1. If you **should** fail again, what **would** you do?
2. What **should** I do if I **should** lose my sight?
3. If I **should** meet with God in the dusk of a street, I **would** ask Him to give me a strong will not to trust in Him.

2 If S + were to ~, S + 과거조동사 ~ = '만일(만에 하나) ~한다면 …할 것이다'

1. If I **were to** be young again, I **would** be a singer.
2. If I **were to** become a billionaire, I **would** be happy.
3. If I **were to** be born again, I **would** marry her.

Pattern Tip

1 If S + should ~, S + 과거(현재)조동사: 실현 가능성이 희박한 경우를 가정하므로 해석은 '만일(만에 하나)' 로 한다.

2 If S + were to ~, S + 과거조동사: 실현 불가능한 경우를 가정하므로 해석은 '만일(만에 하나)' 로 한다. 실현 가능성이 있더라고 말하는 사람이 감정적으로 실현 불가능하다고 생각하는 경우에도 사용할 수 있다.

영어식 해석

1. If you should fail(만일 네가 실패한다면) again(다시), what would you do(무엇을 너는 할 거니)?
2. What should I do(나는 무엇을 해야 하는가) if I should lose(만일 내가 잃으면) my sights(나의 시력을)?
3. If I should meet(만약 내가 만난다면) with God(신과) in the dusk of a street(황혼의 거리에서), I would ask(나는 요구할 것이다) Him(그에게) to give me(나에게 달라고) a strong will(강한 의지를) not to trust in Him(신을 믿지 않아도 될).

1. If I were to be young(만일 내가 젊어진다면) again(다시), I would be a singer(나는 가수가 될 것이다).
2. If I were to become a billionaire(만일 내가 백만장자가 된다면), I would be happy(나는 행복할 텐데).
3. If I were to be born(만약 내가 태어난다하더라도) again(다시), I would marry(나는 결혼할 것이다) her(그녀와).

영어식 영작

1. 만일 네가 다시 실패한다면 무엇을 할 거니?
   (만일 네가 실패한다면, 다시, 무엇을 너는 할 거니)
2. 만일 시력을 잃어버리면 나는 어떻게 해야 하지?
   (나는 무엇을 해야 하는가, 만일 내가 잃으면, 나의 시력을)
3. 만약 내가 황혼의 거리에서 신을 만난다면 나는 그에게 신을 믿지 않아도 될 강한 의지를 달라고 요구할 것이다.
   (만약 내가 만난다면, 신과, 황혼의 거리에서, 나는 요구할 것이다, 그에게, 나에게 강한 의지를 달라고, 신을 믿지 않아도 될)

1. 만일 내가 다시 젊어진다면 나는 가수가 될 것이다.
   (만일 내가 젊어진다면, 다시, 나는 가수가 될 것이다)
2. 만일 내가 백만장자가 된다면 나는 행복할 텐데.
   (만일 내가 백만장자가 된다면, 나는 행복할 텐데.)
3. 만일 내가 다시 태어나더라도 그녀와 결혼할 것이다.
   (만일 내가 태어나더라도, 다시, 나는 결혼할 것이다, 그녀와)

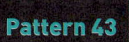 **Pattern 43** **I wish I could speak English that well.**

1 I wish S were = ~라면(하면) 좋을 텐데
I wish S had + pp = ~였다면(했다면) 좋았을 텐데

1. **I wish** I **were** a bird.
2. **I wish** you **would** do so.
3. **I wish** I **could** speak English that well.
4. **I wish** I **had** a house of my own however humble it might be.
5. **I wish** I **had bought** the book.
6. **I wish** I **had been** rich.
7. **I wish** you **had not married** her.
8. **I wish** I **had learned** English in my youth.

2 as if(though) S were = 마치 ~인 것처럼

as if(though) S had + pp = 마치 ~이었던 것처럼

1. He talks **as if** he **knew** the truth.
2. He talked **as if** he **knew** me.
3. He acts **as if** he **were** a millionaire.
4. I feel **as if** one day **were** years.
5. He talks **as if** he **had seen** me.
6. He talked **as if** he **had seen** me.
7. I feel **as if** I **had sat** on pins and needles.

Pattern Tip

1 wish의 기본 의미는 '~이기를 바라다'이다. I wish 다음에 과거동사가 오면 '~이라면 좋을 텐데'로 해석하고, 과거완료가 오면 '~이었으면 좋았을 텐데'로 해석한다.

2 as if 다음에 과거 동사가 오면 '마치 ~인 것처럼'으로 해석하고, 과거완료가 오면 '마치 ~이었던 것처럼'으로 해석한다.

영어식 해석

1. I wish(나는 바란다) I were a bird(내가 한 마리의 새이기를).
2. I wish(나는 바란다) you would do so(네가 그렇게 해주기를).
3. I wish(나는 바란다) I could speak English(내가 영어를 말할 수 있기를) that well(그렇게 잘).
4. I wish(나는 바란다) I had a house of my own(내가 내 자신의 집을 가지고 있기를) however humble it might be(그것이 아무리 초라할지라도).
5. I wish(나는 바란다) I had bought the book(그 책을 사두었기를).
6. I wish(나는 바란다) I had been rich(내가 부자였기를).
7. I wish(나는 바란다) you had not married her(네가 그녀와 결혼하지 않았기를).
8. I wish(나는 바란다) I had learned(내가 배웠기를) English(영어를) in my youth(나의 젊은 시절에).

1. He talks(그는 말한다) as if he knew the truth(마치 그가 진실을 알고 있는 것처럼).
2. He talked(그는 말했다) as if he knew me(마치 그가 나를 알고 있는 것처럼).
3. He acts(그는 행동한다) as if he were a millionaire(마치 그가 백만장자인 것처럼).
4. I feel(나는 느낀다) as if one day were years(마치 하루가 여러 해인 것처럼).
5. He talks(그는 말한다) as if he had seen me(마치 그가 나를 본 적이 있었던 것처럼).
6. He talked(그는 말했다) as if he had seen me(마치 그가 나를 본 적이 있었던 것처럼).
7. I feel(나는 느낀다) as if I had sat on pins and needles(마치 내가 핀과 바늘 위에 앉아 있었던 것처럼).

영어식 영작

1. 내가 새라면 좋을 텐데. (나는 바란다, 내가 한 마리의 새이기를)
2. 당신이 그렇게 해주면 좋을 텐데. (나는 바란다, 네가 그렇게 해주기를)
3. 내가 저만큼 영어를 잘 하면 좋을 텐데.
   (나는 바란다, 내가 영어를 말할 수 있기를, 그렇게 잘)
4. 초라한 집이나마 내 집을 하나 가지고 있으면 좋을 텐데.
   (나는 바란다, 내가 내 자신의 집을 가지고 있기를, 그것이 아무리 초라할지라도)
5. 내가 그 책을 사 두었더라면 좋았을 텐데.
   (나는 바란다, 내가 그 책을 사두었기를)
6. 내가 부자였으면 좋았을 텐데. (나는 바란다, 내가 부자였기를)
7. 당신이 그녀와 결혼하지 않았으면 좋았을 텐데.
   (나는 바란다, 네가 그녀와 결혼하지 않았기를)
8. 내가 젊었을 때 영어를 배웠으면 좋았을 텐데.
   (나는 바란다, 내가 배웠기를, 영어를, 나의 젊은 시절에)

1. 그는 마치 진실을 알고 있는 것처럼 말한다.
   (그는 말한다, 마치 그가 진실을 알고 있는 것처럼)
2. 그는 마치 나를 아는 것처럼 말했다.
   (그는 말했다, 마치 그가 나를 알고 있는 것처럼)
3. 그는 마치 백만장자인 것처럼 행동한다.
   (그는 행동한다, 마치 그가 백만장자인 것처럼)
4. 일일이 여삼추 같다. (나는 느낀다, 마치 하루가 여러 해인 것처럼)
5. 그는 마치 나를 본 적이 있었던 것처럼 말한다.
   (그는 말한다, 마치 그가 나를 본 적이 있었던 것처럼)
6. 그는 마치 나를 본적이 있었던 것처럼 말했다.
   (그는 말했다, 마치 그가 나를 본 적이 있었던 것처럼)
7. 바늘방석에 앉은 것 같다.
   (나는 느낀다, 마치 내가 핀과 바늘 위에 앉아 있었던 것처럼)

What kind of beer would you like?

1 부탁의 would, could

1. **Would** you do me a favor?
2. **Would** you spell that?
3. **Would** you go over my composition?
4. **Could** you repeat that?
5. **Could** you give me a rough idea?
6. **Could** you repeat your name?
7. **Could** you change this?

2 권유 · 희망의 would

1. What kind of beer **would** you like?
2. **I'd** like a Miller, please.
3. What **would** you like to have?
4. **I'd** like to have beefsteak.
5. **Would** you like a cup of coffee?
6. How **would** you like your coffee?
7. I **would** like to make a tour round the world.
8. I **would** like to go to Canada.

3 if가 생략된 가정문의 would, should

1. I **would** not do so. (if I were you)
2. A true friend **would** not say so.
3. You **should** see the movie. (if you had time)
4. He **should** be there by now.
5. I **would** not do such a thing in your place.
6. You **should have seen** the movie. (if you had had time)

4 without(if ~), unless(if ~ not)

1. We cannot live **without** water.
   = We cannot live **if there is no** water.
2. **Unless** you work hard, you will not succeed.
   = **If** you do**n't** work hard, you will not succeed.
3. **Without** the rain, we should have had a pleasant journey.
4. **Unless** you had force of character and physical strength, you could not succeed in life.

5 **may, will, would, should + to do / -ing**(~하면)

1. **To** hear him speak English, you **will** think him America.
   = If you hear him speak English, you will think him America.
2. Turn**ing** to the left, you **will** find the post office.
   = If you turn to left, you will find the post office.
3. I **would** be happy **to** go with you.
4. You **will** be punished **to** lie again.
5. I **should** be very glad **to** pass the exam.

Pattern Tip

1 Would you ~? 혹은 Could you ~?로 묻는 것은 '만약에 여건이 허락한다면, 괜찮으시다면' 이라는 가정의 의미가 포함되어 있기 때문에 Will you ~? 혹은 Can you ~?로 묻는 것 보다 완곡하고 정중한 표현이 된다.

2 Would you ~? 와 Could you ~?는 정중하게 부탁할 경우 모두 쓸 수 있지만 정중하게 권유할 때는 Would you ~?를 쓴다.

3 would, should는 if가 없어도 상황에 따라 가정적인 의미로 쓰일 때가 많다. if절이 생략된 것처럼 쓰이지만 어떤 말이 생략됐는지 구체적으로는 모른다.

4 without(if ~), unless(if ~ not)에는 가정의 의미가 포함돼 있다.

5 to do, -ing가 may, will, might, would, should와 함께 쓰이면 '~하면'으로 해석한다.

영어식 해석

1. Would you do me(당신은 나에게 해주시겠어요) a favor(부탁 하나를)?
2. Would you spell(당신은 스펠링을 불러주시겠어요) that(그것)?
3. Would you go over(당신은 검토해 주시겠어요) my composition(나의 작문을)?
4. Could you repeat(당신은 반복할 수 있습니까) that(그것을)?
5. Could you give me(당신은 나에게 줄 수 있습니까) a rough idea(거친 아이디어를)?
6. Could you repeat(당신은 반복할 수 있습니까) your name(당신의 이름을)?
7. Could you change(당신은 바꿀 수 있습니까) this(이것을)?

1. What kind of beer(어떤 종류의 맥주를) would you like(당신은 드시겠어요)?
2. I'd like(나는 원합니다) a Miller(밀러를), please.
3. What would you like(무엇을 당신은 원합니까) to have(드시기를)?
4. I'd like(나는 원합니다) to have beefsteak(비프스테이크를 먹기를).
5. Would you like(당신은 원합니까) a cup of coffee(한 잔의 커피를)?
6. How would you like(당신은 어떻게 원합니까) your coffee(당신의 커피를)?
7. I would like(나는 원합니다) to make a tour(여행을 만들기를) round the world(세계 주위로).
8. I would like(나는 원합니다) to go to Canada(캐나다로 가기를).

1. I(나라면) would not do so(그렇게 하지 않을 것이다).
2. A true friend(진짜 친구라면) would not say so(그렇게 말하지 않을 것이다).
3. You(너는) should see the movie(그 영화를 봐야 한다).

4. He should be there(그는 거기에 있을 것이다) by now(지금쯤이면).
5. I would not do(나는 하지 않을 텐데) such a thing(그런 일을) in your place(너의 입장에 있다면).
6. You should have seen(너는 보았어야 하는데) the movie(그 영화를).

1. We cannot live(우리는 살 수 없다) without water(물이 없다면).
2. Unless you work hard(너는 열심히 일하지 않으면), you will not succeed(성공하지 못할 거야).
3. Without the rain(비가 오지 않았다면), we should have had(우리는 가졌을 텐데) a pleasant journey(유쾌한 여행을).
4. Unless you had(네가 가지고 있지 않다면) force(힘을) of character and physical strength(인격과 체력의), you could not succeed(너는 성공할 수 없다) in life(인생에서).

1. To hear(들으면) him speak English(그가 영어를 말하는 것을), you will think(너는 생각할 것이다) him an American(그를 미국인이라고).
2. Turning to the left(왼쪽으로 돌면), you will find(너는 발견할 것이다) the post office(우체국을).
3. I would be happy(나는 기쁠 것이다) to go with you(너와 함께 가면).
4. You will be punished(너는 벌을 받을 것이다) to lie again(다시 거짓말을 하면).
5. I should be very glad(나는 매우 기쁠 것이다) to pass the exam(시험에 합격하면).

영어식 영작

1. 부탁하나 들어주시겠어요?
   (당신은 나에게 해주시겠어요, 부탁 하나를)
2. 스펠링을 좀 불러주시겠어요?
   (당신은 스펠링을 불러주시겠어요, 그것)
3. 제 작문 좀 검토해 주실래요?
   (당신은 검토해 주시겠어요, 나의 작문을)
4. 다시 한 번 말해주시겠어요?
   (당신은 반복할 수 있습니까, 그것을)
5. 대충만이라도 좀 알려주시겠어요?
   (당신은 나에게 줄 수 있습니까, 거친 아이디어를)
6. 이름 좀 다시 말씀해 주시겠어요?
   (당신은 반복할 수 있습니까, 당신의 이름을)
7. 잔돈 좀 바꾸어줄 수 있나요?
   (당신은 바꿀 수 있습니까, 이것을)

1. 어떤 종류의 맥주를 드시겠어요.
   (어떤 종류의 맥주를, 당신은 드시겠어요)
2. 밀러로 주세요.
   (나는 원합니다, 밀러를)
3. 무엇을 드시겠습니까?
   (무엇을 당신은 원합니까, 드시기를)
4. 비프스테이크로 주세요.
   (나는 원합니다, 비프스테이크를 먹기를)
5. 커피 한 잔 드시겠어요?
   (당신은 원합니까, 한 잔의 커피를)
6. 커피를 어떻게 해드릴까요?
   (당신은 어떻게 원합니까, 당신의 커피를)
7. 나는 세계 여행을 하고 싶어요.
   (나는 원합니다, 여행을 만들기를, 세계 주위로).
8. 나는 캐나다로 가고 싶어요.
   (나는 원합니다, 캐나다로 가기를)

1. 나라면 그렇게 하지 않을 것이다.
   (나라면, 그렇게 하지 않을 것이다)
2. 진짜 친구라면 그렇게 말하지 않을 것이다.
   (진짜 친구라면, 그렇게 말하지 않을 것이다)
3. 너는 그 영화를 봐야 한다.
   (너는, 그 영화를 봐야 한다)
4. 그는 지금쯤 거기에 도착해 있을 것이다.
   (그는 거기에 있을 것이다, 지금쯤이면)
5. 내가 너의 입장에 있다면 그런 일을 하지 않을 텐데.
   (나는 하지 않을 텐데, 그런 일을, 너의 입장에 있다면)
6. 너는 그 영화를 보았어야 하는데.
   (너는 보았어야 하는데, 그 영화를)

1. 물이 없다면 우리는 살 수 없다.
   (우리는 살 수 없다, 물이 없다면)
2. 너는 열심히 일하지 않으면 성공하지 못할 거야.
   (너는 열심히 일하지 않으면, 성공하지 못할 거야)
3. 비가 오지 않았다면 우리는 유쾌한 여행을 했을 텐데.
   (비가 오지 않았다면, 우리는 가졌을 텐데, 유쾌한 여행을)
4. 네가 인격과 체력의 힘을 가지고 있지 않다면 인생에서 성공할 수 없다.
   (네가 가지고 있지 않다면, 힘을, 인격과 체력의, 너는 성공할 수 없다, 인생에서)

1. 그가 영어를 말하는 것을 들으면 너는 그를 미국인이라고 생각할 것이다.
   (들으면, 그가 영어를 말하는 것을, 너는 생각할 것이다, 그를 미국인이라고)
2. 왼쪽으로 돌면 너는 우체국을 발견할 것이다.
   (왼쪽으로 돌면, 너는 발견할 것이다, 우체국을)
3. 나는 너와 함께 가면 기쁠 것이다.
   (나는 기쁠 것이다, 너와 함께 가면)
4. 너는 다시 거짓말을 하면 벌을 받을 것이다.
   (너는 벌을 받을 것이다, 다시 거짓말을 하면)
5. 시험에 합격하면 매우 기쁠 것이다.
   (나는 매우 기쁠 것이다, 시험에 합격하면)

Pattern 45 — I have just finished my lunch.

1 과거동사(+ yesterday, a moment ago, when, just now)
= ~했다

1. He **went** to America **yesterday**.
2. I **saw** him **a moment ago**.
3. He **came** back **just now**.

2 have + pp(+ just, already, yet, today, this year)
= 막 ~한 상태를 가지고 있다, 막 ~하였다(완료)

1. I **have just finished** my lunch.
2. All the cherry blossoms **have already fallen**.
3. **Have** you **already done** it?
4. I **haven't decided yet** where to go to avoid the hot summer.
5. I **have not touched** food **today**.
6. **This year** we **have had** less snow than usual.

3 have + pp(+ before, ever, never, once, twice, many times) = ~한 경험을 가지고 있다, ~한 적이 있다(경험)

1. I **have seen** him **before**.
2. I **have been** in Busan **before**.
3. **Have** you **ever seen** an elephant?

4. I **have never been** abroad.

5. I **have been** to Incheon **twice**.

4 have + pp = ~한 상태를 가지고 있다, ~해 버렸다(결과)

1. I **have lost** my watch.

   = I lost my watch, and I don't have it now.

2. He **has gone** to the station.

   =He went to the station, so he is not here now.

5 have + pp(+ for two hours, since 1970, since last Sunday) = 죽 ~한 상태를 가지고 있다, ~해 오고 있다(계속)

1. He **has been** in Korea **for** two years.

2. It **has been** raining **since** the day before yesterday.

3. I **have been** very nervous **since** yesterday.

6 had pp, will have pp

1. I **had just finished** my breakfast when he came.

2. If I read this novel once again, I **will have read** it three times.

Pattern Tip

2~**5** 'have + pp(-ed)'에서 pp는 명사 상당어로 처리해 '~한 상태'로 해석한다. pp가 before, ever, never, once, twice, many times 등 경험 부사와 함께 쓰일 때는 '~한 경험'으로 해석한다. 전통문법에서 'have pp'는 흔히 완료, 경험, 결과, 계속 용법으로 분류되고 있는데 pp를 명사 상당어로 처리하면 그 뜻이 자연스럽게 드러난다.

6 have pp는 현재완료, had pp는 과거완료, will have pp는 미래완료로 분류하는데, pp는 명사 상당어에 불과하고 have는 현재형, had는 과거형, will have는 미래형일 뿐이다.

영어식 해석

1. He went to America(그는 미국으로 갔다) yesterday(어제).
2. I saw him(나는 그를 보았다) a moment ago(조금 전에).
3. He came back(그는 돌아왔다) just now(방금).

1. I have(나는 가지고 있다) just finished(방금 끝마친 상태를) my lunch(점심을).
2. All the cherry blossoms(모든 벚꽃이) have(가지고 있다) already fallen(이미 져버린 상태를).
3. Have you already(너는 벌써 가지고 있니) done it(그것을 해낸 상태를)?
4. I haven't(나는 가지고 있지 않다) decided yet(아직 결정한 상태를) where to go(어디로 가야 할지) to avoid(피하기 위해) the hot summer(무더운 여름을).
5. I have not touched(나는 손도 대지 않았다) food(음식을) today(오늘).
6. This year(금년에) we have had less snow(우리는 적은 눈을 가졌다) than usual(평년보다).

1. I have(나는 가지고 있다) seen him(그를 본 경험을) before(전에).
2. I have(나는 가지고 있다) been(있었던 경험을) in Busan(부산에) before(전에).
3. Have you ever(너는 가지고 있니) seen(본 경험을) an elephant(코끼리를)?
4. I have never(나는 결코 가지고 있지 않다) been(있었던 경험을) abroad(외국에).
5. I have(나는 가지고 있다) been(있었던 경험을) to Incheon(인천에) twice(두 번).

1. I have(나는 가지고 있다) lost(잃어버린 상태를) my watch(나의 시계를).
2. He has(그는 가지고 있다) gone to the station(역에 간 상태를).

1. He has(그는 가지고 있다) been(있었던 상태를) in Korea(한국에) for two years(2년 동안).
2. It has(그것(날씨)은 가지고 있다) been raining(비가 계속 내리고 있는 상태를) since the day before yesterday(그저께부터).
3. I have(나는 가지고 있다) been very nervous(매우 긴장된 상태를) since yesterday(어제 이후).

1. I had(나는 가졌다) just finished(방금 마친 상태를) my breakfast(나의 아침을) when he came(그가 들어왔을 때).
2. If I read this novel(내가 이 소설을 읽는다면) once again(다시 한 번), I will have(나는 가지게 될 것이다) read it(그것을 읽은 경험을) three times(세 번).

영어식 영작

1. 그는 어제 미국으로 갔다.(그는 미국으로 갔다, 어제)
2. 나는 조금 전에 그를 보았다.(나는 그를 보았다, 조금 전에)
3. 그는 방금 돌아왔다.(그는 돌아왔다, 방금)

1. 나는 막 점심을 마쳤다.
   (나는 가지고 있다, 막 끝마친 상태를, 점심을)
2. 벚꽃이 벌써 졌다.
   (모든 벚꽃이, 가지고 있다, 이미 져버린 상태를)
3. 벌써 그것을 해냈니?
   (너는 벌써 가지고 있니, 그것을 해낸 상태를)
4. 나는 피서를 위해 어디로 가야 할지 아직 결정하지 못했다.
   (나는 아직 가지고 있지 않다, 결정한 상태를, 어디로 가야 할지, 피하기 위해, 무더운 여름을)
5. 나는 오늘 음식을 손도 대지 못했다.
   (나는 손도 대지 않았다, 음식을, 오늘)
6. 금년은 평년보다 눈이 적게 왔다.
   (금년에, 우리는 적은 눈을 가졌다, 평년보다)

1. 나는 전에 그를 본 적이 있다.(나는 가지고 있다, 그를 본 경험을, 전에)
2. 나는 전에 부산에 간 적이 있다.(나는 가지고 있다, 있었던 경험을, 부산에, 전에)
3. 너는 코끼리를 본 적이 있니?(너는 가지고 있니, 본 경험을, 코끼리를)
4. 나는 외국에 간 적이 없다.(나는 결코 가지고 있지 않다, 있었던 경험을, 외국에)
5. 나는 인천에 두 번 간 적이 있다.(나는 가지고 있다, 있었던 경험을, 인천에, 두 번)

1. 나는 시계를 잃어버렸다.(그 결과 지금 시계가 없다)
   (나는 가지고 있다, 잃어버린 상태를, 나의 시계를)
2. 그는 역에 가버렸다.(그래서 지금 없다)
   (그는 가지고 있다, 역에 간 상태를)

1. 그는 2년 동안 한국에서 체류해 오고 있다.
   (그는 가지고 있다, 있었던 상태를, 한국에, 2년 동안)
2. 그저께부터 계속 비가 내리고 있다.
   (그것(날씨)은 가지고 있다, 비가 계속 내리고 있는 상태를, 그저께부터)
3. 나는 어제 이후 매우 긴장해 있었다.
   (나는 가지고 있다, 매우 긴장된 상태를, 어제 이후)

1. 그가 들어왔을 때 나는 막 아침을 끝냈다.
   (나는 가졌다, 방금 끝마친 상태를, 나의 아침식사를, 그가 돌아왔을 때)
2. 내가 이 소설을 다시 한 번 읽는다면 나는 그것을 세 번 읽은 셈이 된다.
   (내가 이 소설을 읽는다면, 다시 한 번, 나는 가지게 될 것이다, 그것을 읽은 경험을, 세 번).

Chapter 10

The wall

Pattern 46 — The wall was painted by him.

1 S + be + pp + (~by) = ~되다

1. The door **was painted** by him.
   = He painted the door.
2. A book is **being written** by him.
   = He is writing a book.

2 S + is + pp = ~한 상태이다

1. Winter is **gone**.
2. Spring is **come**.
3. Are you **married**?

3 be + (pp) + 보어

1. She is **thought** a good girl.
2. A man was **found** dead in a valley where few people visited.
3. Jinhae has very beautiful scenery and is **called** the Venice of Korea.
4. Success is **believed** to depend on harmony with other men.

4 4형식 수동태: 사물 = ~을, 사람 = ~에게

1. He gave me the book.
2. The book **was given** me.
3. I **was given** the book.
4. The meal **was cooked** us by Jane.
5. He **was offered** an important position by Mr. Carnegie.

Pattern Tip

1 'be + pp +by ~'에서 pp는 '수동적 상태'를 의미하므로 'be + pp'는 '~된 상태에 있다', 즉 '~되다'로 해석한다.

2 'S(시간, 계절) + be + pp'에서 pp는 '완료된 상태'를 의미한다.

3 'be + pp + 보어'에서 pp는 생략해도 문장이 성립된다.

4 4형식 수동태의 경우, 사물은 '~을'로 해석하고, 사람은 '~에게'로, 동사는 능동으로 해석할 수 있다.

> 영어식 해석

1. The door(그 문은) was painted(칠해졌다) by him(그에 의해).
2. A book(책이) is being written(써지고 있다) by him(그에 의해).

1. Winter(겨울은) is(있다) gone(간 상태에).
2. Spring(봄은) is(있다) come(온 상태에).
3. Are you(너는 있니) married(결혼한 상태에)?

1. She is thought(그녀는 생각되어진다) a good girl(좋은 소녀로).
2. A man(한 남자가) was found(발견됐다) dead(죽은 채로) in a valley(계곡에서) where few people visited(사람들이 거의 방문하지 않은).
3. Jinhae(진해는) has(가지고 있다) very beautiful scenery(매우 아름다운 경치를) and is called(그리고 불려진다) the Venice of Korea(한국의 베니스라고).
4. Success(성공은) is believed(믿어진다) to depend on(의지하는 것으로) harmony with other men(다른 사람들과의 조화에).

1. He gave(그는 주었다) me(나에게) the book(그 책을).
2. The book(그 책을) was given(주었다) me(나에게).
3. I(나에게) was given(주었다) the book(그 책을).
4. The meal(음식을) was cooked(요리해주었다) us(우리에게) by Jane(제인이).
5. He(그에게) was offered(주었다) an important position(중요한 직책을) by Mr. Carnegie(카네기 씨가).

영어식 영작

1. 그 문은 그에 의해 칠해졌다.(그 문은, 칠해졌다, 그에 의해)
2. 책이 그에 의해 써지고 있다.(책이, 써지고 있다, 그에 의해)

1. 겨울은 가버린 상태이다.(겨울은, 있다, 가버린 상태에)
2. 봄은 온 상태이다.(봄은, 있다, 온 상태에)
3. 당신은 결혼한 상태입니까?(너는 있니, 결혼한 상태에)

1. 그녀는 좋은 소녀로 생각되어진다.
   (그녀는 생각되어진다, 좋은 소녀로)
2. 한 남자가 사람들이 거의 방문하지 않는 한 계곡에서 죽은 채로 발견되었다.
   (한 남자가, 발견됐다, 죽은 채로, 계곡에서, 사람들이 거의 방문하지 않은)
3. 진해는 매우 아름다운 경치를 가지고 있어서 한국의 베니스라고 불린다.
   (진해는, 가지고 있다, 매우 아름다운 경치를, 그리고 불려진다, 한국의 베니스라고)
4. 성공은 다른 사람들과의 조화에 달려있는 것으로 믿어진다.
   (성공은, 믿어진다, 의지하는 것으로, 다른 사람들과의 조화에)

1. 그는 나에게 그 책을 주었다.(그는 주었다, 나에게, 그 책을)
2. 그 책을 나에게 주었다.(그 책을, 주었다, 나에게)
3. 나에게 그 책을 주었다.(나에게 주었다, 그 책을)
4. 그 식사를 제인이 우리에게 요리해주었다.
   (음식을 요리해주었다, 우리에게, 제인이)
5. 그에게 중요한 직책을 카네기 씨가 제공해주었다.
   (그에게 주었다, 중요한 직책을, 카네기 씨가).

Pattern 47   She will make a good wife.

1 되다 동사(become, make, get, go, come, run, turn) + 보어

1. She will **make** a good wife.
2. You **become** responsible, forever, for what you have tamed.
3. He **got** angry with me.
4. Eggs soon **go** bad in hot weather.
5. His dog **went** mad.
6. He **went** blind in his old age.
7. Your dreams will **come** true some day.
8. Her blood **ran** cold.
9. He **turned** pale.
10. Believe it or not, each of us... is one day going to stop breathing, **turn** cold, and die.

Pattern Tip

go, come, run, make, grow, turn 등 위치나 상태의 변화를 나타내는 동사는 '~되다'로 해석한다.

* 2형식 문형(주어 + 동사 + 보어)은 관용적인 표현으로 생각하고 외워둘 필요가 있다.

1 되다 동사(go, come, run, make, grow, turn) + 보어

2 정지 동사(stay, remain, keep, hold, rest) + 보어(계속 ~한 상태로)

3 이동 동사(go, come, stand, sit, run, return, lay) + 보어(~하면서, ~인 채로)

4 감각동사(feel, sound, smell, taste) + 보어(~인 것처럼, ~하게)

　look, seem + 형용사, 명사 = ~인 것 처럼(같이) 보인다

5 판명동사(be found, come out, turn out, prove) + 보어 = ~로 밝혀지다

6 인생동사(marry, live, die, part) + 보어(~로서, ~인 상태로)

영어식 해석

1. She will make(그녀는 될 것이다) a good wife(좋은 아내가).
2. You become responsible(당신은 책임지게 된다), forever(영원히), for what you have tamed(당신이 길들인 것에 대해).
3. He got angry(그는 화가 났다) with me(나에게).
4. Eggs soon go bad(계란은 곧 상한다) in hot weather(더운 날씨에).
5. His dog went mad(그의 개는 미쳤다).
6. He went blind(그는 눈이 멀었다) in his old age(그의 노년기에).
7. Your dreams will come true(너의 꿈들은 실현될 것이다) some day(언젠가는).
8. Her blood(그의 피는) ran cold(차가워졌다).
9. He turned pale(그는 창백해졌다).
10. Believe it or not(믿거나 말거나), each of us...(우리 각자는) is one day going to stop(어느 날 멈출 것이다) breathing(숨 쉬는 것을), turn cold(그리고 차가워질 것이다), and die(그리고 죽을 것이다).

영어식 영작

1. 그녀는 좋은 아내가 될 것이다.
   (그녀는 될 것이다, 좋은 아내가)
2. 당신은 길들인 것에 영원히 책임을 지게 된다.
   (당신은 책임지게 되다, 영원히, 당신이 길들인 것에 대해)
3. 그는 나에게 화를 냈다 .
   (그는 화가 났다, 나에게)
4. 계란은 더운 날씨에는 곧 상한다.
   (계란은 곧 상한다, 더운 날씨에)
5. 그의 개는 미쳤다.
   (그의 개는 미쳤다)
6. 그는 노년에 눈이 멀게 됐다.
   (그는 눈이 멀었다, 그의 노년기에)
7. 너의 꿈은 언젠가는 실현될 것이다.
   (너의 꿈들은 실현될 것이다, 언젠가는)
8. 그녀는 오싹해졌다.
   (그의 피는, 차가워졌다)
9. 그는 창백해졌다.
   (그는 창백해졌다)
10. 믿건 안 믿건 우리는 어느 날 숨을 멈추고 싸늘하게 죽을 것이다.
    (믿거나 말거나, 우리 각자는, 어느 날 멈출 것이다, 숨 쉬는 것을, 그리고 차가워질 것이다, 그리고 죽을 것이다)

2 정지 동사(stay, remain, keep, hold, rest) + 보어(계속 ~한 상태로)

1. They **stayed** close friends for a long time.
2. They **kept** silent for several hours.
3. This ticket **holds** good for three days.
4. He cannot **remain** indifferent.
5. Petroleum stocks **remained** largely unchanged.

영어식 해석

1. They stayed(그들은 머물렀다) close friends(가까운 친구로) for a long time(오랜 시간 동안).
2. They kept(그들은 유지했다) silent(조용한 상태를) for several hours(여러 시간 동안).
3. This ticket holds(이 티켓은 잡고 있다) good(좋은 상태를) for three days(3일을 위해).
4. He cannot remain(그는 머무를 수 없다) indifferent(무관심한 상태로).
5. Petroleum stocks(석유 주식들은) remained(유지했다) largely unchanged(대체로 변화하지 않은 상태를).

영어식 영작

1. 그들은 오랫동안 계속 친구다.
   (그들은 머물렀다, 가까운 친구로, 오랜 시간 동안)
2. 그들은 여러 시간 동안 침묵을 지켰다.
   (그들은 유지했다, 조용한 상태를, 여러 시간 동안)
3. 이 티켓은 3일 동안 유효하다.
   (이 티켓은 잡고 있다, 좋은 상태를, 3일을 위해)
4. 그는 무관심할 수는 없다.
   (그는 머무를 수 없다, 무관심한 상태로)
5. 석유 종목 주가는 대체로 보합을 유지했습니다.
   (석유 주식들은, 유지했다, 대체로 변화하지 않은 상태를)

3 이동 동사(go, come, stand, sit, run, return, lay) + 보어(~하면서, ~인 채로)

1. He **stood** looking at the picture.
2. She **sat** surrounded by her children.
3. He **went** hopeful and **came** back disappointed.
4. He **went** home satisfied with the result.
5. He **came** home crying bitterly.
6. The dog **ran** barking after him.
7. A soldier **lay** dead on the road.
8. He **returned** home a millionaire.

영어식 해석

1. He stood(그는 서있었다) looking at the picture(그 그림을 쳐다보면서).
2. She sat(그는 앉았다) surrounded(둘러싸인 채) by her children(그녀의 아이들에 의해).
3. He went(그는 갔다) hopeful(희망에 찬 채) and came back(그리고 돌아왔다) disappointed(실망한 채).
4. He went home(그는 집에 갔다) satisfied(실망한 채) with the result(그 결과에).
5. He came home(그는 집에 돌아왔다) crying bitterly(비통하게 울면서).
6. The dog ran(그 개는 달렸다) barking(짖으면서) after him(그의 뒤에서).
7. A soldier lay(한 군인이 누워있었다) dead(죽은 채) on the road(길 위에서).
8. He returned home(그는 집에 돌아왔다) a millionaire(백만장자가 된 채).

영어식 영작

1. 그는 그 그림을 보면서 서있었다.
   (그는 서있었다, 그 그림을 쳐다보면서)
2. 그녀는 자신의 아이들에게 둘러싸인 채 앉아 있었다.
   (그는 앉았다, 둘러싸인 채, 그녀의 아이들에 의해)
3. 그는 희망에 넘친 채 가서 실망한 채 돌아왔다.
   (그는 갔다, 희망에 찬 채, 그리고 돌아왔다, 실망한 채)

4. 그는 결과에 실망한 채 집으로 갔다.
   (그는 집에 갔다, 실망한 채, 그 결과에)
5. 그는 몹시 울면서 집에 왔다.
   (그는 집에 돌아왔다, 비통하게 울면서)
6. 그 개는 그를 향해 짖으면서 달렸다.
   (그 개는 달렸다, 짖으면서, 그의 뒤에서)
7. 한 군인이 죽은 채 길 위에 누워있었다.
   (한 군인이 누워있었다, 죽은 채, 길 위에서)
8. 그는 백만장자가 된 채 집으로 돌아왔다.
   (그는 집에 돌아왔다, 백만장자가 된 채)

4 감각동사 + 보어

1. sound, taste, smell, feel + 형용사(~하게)

1. The music **sounds** sweet.
2. The soup **tastes** bitter.
3. A rose by any other name would **smell** as sweet.
4. I'm already beginning to **feel** high.
5. Always make the other person **feel** important.

2. look, seem + 형용사/명사 = ~인 것처럼(것같이) 보인다

(seem이 look보다 불확실성이 더 강함)

1. She **looked** wise.
2. You **look** depressed.
3. It **looks** a little too loud. Could you show me another?
4. She **looks** every inch a lady.
5. The weather **looks** threatening.
6. They **seem** happy.
7. So many things **seem** strange to me.
8. At first glance, it **seemed** very easy.
9. It **seems** that trying wouldn't do any harm.

10. The food **seems** to disagree with me.
11. He **seems** to have no culture, for he often plays tricks on young girls.

영어식 해석

1. The music(그 음악은) sounds(들린다) sweet(달콤하게).
2. The soup(그 수프는) tastes(맛이 난다) bitter(쓰게).
3. A rose(장미는) by any other name(어떤 다른 이름이라도) would smell(냄새가 날 것이다) as sweet(그 만큼 향기롭게).
4. I'm already beginning(나는 이미 시작하고 있다) to feel(느끼는 것을) high(높게).
5. Always make(항상 만들어라) the other person feel(다른 사람들이 느끼도록) important(중요하게).

1. She looked(그녀는 보였다) wise(현명한 것처럼).
2. You look(너는 보인다) depressed(풀이 죽은 것처럼).
3. It looks(그것은 보인다) a little too loud(약간 야한 것처럼). Could you show(당신은 보여주시겠어요) me another(나에게 다른 것을)?
4. She looks(그녀는 보인다) every inch a lady(어디까지나 귀부인인 것 같이).
5. The weather(날씨는) looks(보인다) threatening(위협하는 것 같이).
6. They seem(그들은 보인다) happy(행복한 것처럼).
7. So many things(많은 것들이) seem(보인다) strange(이상한 것처럼) to me(나에게).
8. At first glance(첫 눈길에), it seemed(그것은 보였다) very easy(매우 쉬운 것처럼).
9. It seems(그것은 보인다) that trying wouldn't do any harm(노력하는 것이 해가 되지 않는 것 같이).
10. The food seems(그 음식은 보인다) to disagree with me(나에게 동의하지 않는 것 같이).
11. He seems(그는 보인다) to have no culture(교양이 없는 것같이), for he often plays tricks(왜냐하면 그는 자주 장난을 치니까) on young girls(젊은 소녀들에게).

영어식 영작

1. 그 음악은 달콤하게 들린다. (그 음악은, 들린다, 달콤하게)
2. 그 수프는 쓰게 맛이 난다. (그 수프는, 맛이 난다, 쓰게)
3. 장미는 어떤 다른 이름으로 불리더라도 그 만큼 향기롭게 냄새가 날 것이다.
   (장미는, 어떤 다른 이름이라도, 냄새가 날 것이다, 그 만큼 향기롭게)
4. 나는 이미 술기운이 오르기 시작한다.
   (나는 이미 시작하고 있다, 느끼는 것을, 높게)
5. 항상 다른 사람들이 중요하게 느끼도록 만들어라.
   (항상 만들어라, 다른 사람들이 느끼도록, 중요하게)

1. 그녀는 현명한 것처럼 보였다. (그녀는 보였다, 현명한 것처럼)
2. 너는 풀이 죽은 것처럼 보인다. (너는 보인다, 풀이 죽은 것처럼)
3. 그것은 약간 야한 것처럼 보입니다. 다른 것을 보여주시겠어요.
   (그것은 보입니다, 약간 야한 것 처럼. 당신은 보여주시겠어요, 나에게 다른 것을)
4. 그녀는 어디까지나 귀부인 것 같이 보인다.
   (그녀는 보인다, 어디까지나 귀부인인 것 같이)
5. 날씨가 험악해지는 것 같이 보인다.
   (날씨는 보인다, 위협하는 것 같이)
6. 그들은 행복한 것처럼 보인다. (그들은 보인다, 행복한 것처럼)
7. 많은 것들이 나에게는 이상한 것처럼 보인다.
   (많은 것들이, 보인다, 이상한 것처럼, 나에게)
8. 처음에는 그것이 매우 쉬운 것처럼 보였다.
   (첫 눈길에, 그것은 보였다, 매우 쉬운 것처럼)
9. 노력하는 것은 해가 되지 않는 것 같이 보인다.
   (그것은 보인다, 노력하는 것이 해가 되지 않는 것 같이)
10. 그 음식은 나에게 맞지 않는 것 같이 보인다.
    (그 음식은 보인다, 나에게 동의하지 않는 것 같이)
11. 그가 젊은 여자들에게 자주 장난을 치는 것을 보면 교양을 가지고 있지 않은 것처럼 보인다.
    (그는 보인다, 교양을 가지고 있지 않은 것처럼, 왜냐하면 그는 자주 장난을 치니까, 젊은 소녀들에게).

5 판명동사(be found, come out, turn out, prove) + 보어 = ~로 밝혀지다

1. The rumor **turned out** (to be) false.
2. The report **was found** (to be) true.
3. The scandal will **come out** (to be) true at the trial.
4. This bud of love may **prove** (to be) a beautiful flower when we next meet.

영어식 해석

1. The rumor turned out(그 풍문은 판명이 났다) (to be) false(거짓인 것으로).
2. The report was found(그 보도는 밝혀졌다) (to be) true(사실인 것으로).
3. The scandal will come out(그 추문은 드러날 것이다) (to be) true(사실인 것으로) at the trial(재판에서).
4. This bud of love(이 사랑의 꽃봉오리는) may prove(밝혀질지도 몰라요) (to be) a beautiful flower(한 송이 아름다운 꽃으로) when we next meet(우리가 다음에 만날 때).

영어식 영작

1. 그 풍문은 거짓으로 밝혀졌다.
   (그 풍문은 판명 났다, 거짓인 것으로)
2. 그 보도는 사실인 것으로 밝혀졌다.
   (그 보도는 밝혀졌다, 사실인 것으로)
3. 그 추문은 재판에서 사실로 밝혀질 것이다.
   (그 추문은 드러날 것이다, 사실인 것으로, 재판에서)
4. 이 사랑의 꽃봉오리는 우리가 다음에 만날 때 한 송이 아름다운 꽃으로 밝혀질지도 몰라요.
   (이 사랑의 꽃봉오리는, 밝혀질지도 몰라요, 한 송이 아름다운 꽃으로, 우리가 다음에 만날 때)

6 인생동사 + 보어

1. 인생동사 + 명사(~로서)

1. My teacher **lives** a bachelor.
2. We **parted** the best of friends.

2. 인생동사 + 형용사(~인 상태로)

1. She **married** young.
2. They were **born** poor, **lived** poor and poor they **died**.

Pattern Tip

marry, live, die, part 등 인생사와 관련된 동사 다음에 명사가 오면 '~로서', 형용사가 오면 '~인 상태로'로 해석한다.

영어식 해석

1. My teacher lives(나의 선생님은 산다) a bachelor(총각으로).
2. We parted(우리는 헤어졌다) the best of friends(친구들 중 가장 친한 상태로).

1. She married(그녀는 결혼했다) young(젊은 상태로).
2. They were born(그들은 태어났다) poor(가난한 상태로), lived(살았다) poor(가난한 상태로) and poor(그리고 가난한 상태로) they died(그들은 죽었다).

영어식 영작

1. 나의 선생님은 총각으로 사신다.(나의 선생님은 산다, 총각으로)
2. 우리는 다정한 친구로 헤어졌다.(우리는 헤어졌다, 친구들 중 가장 친한 상태로)

1. 그녀는 젊어서 결혼했다.(그녀는 결혼했다, 젊은 상태로)
2. 그는 가난하게 태어나 가난하게 살았고 가난하게 죽었다.
   (그들은 태어났다, 가난한 상태로, 살았다, 가난한 상태로, 그리고 가난한 상태로, 그들은 죽었다)

Pattern 48 **Her baby entered the room.**

1 타동사 + 목적어

1. Her baby **entered**(=walked into) the room.
2. He **resembles**(=take after) his father.
3. He **married** a rich girl.
4. He **reached**(=arrived at, got to) the station.
5. He **left**(=walked out of) the room.
6. He **attended** the meeting.
7. We **discussed**(=talked over) the problem.
8. She **survived** her mother.
9. She **excels** me in cooking.
10. We are **approaching** the island.

2 '자동사 + 전치사', '동사 + 명사 + 전치사', '동사 + 부사 + 전치사'

1. He **laughed** at me.
2. I will **send for** the doctor.
3. A school bus **ran over** the boy.
4. I **though out** a good plan.
5. She **put away** all her money.
6. I will never **look over** your mistakes again!
7. You must **take care of** the baby.
8. She **stood up for** him.
9. They **looked up to** him.
10. They **looked down on** him.

Pattern Tip

1 목적어를 필요로 하는 동사를 타동사라고 한다. resemble, attend, reach, enter, discuss, excel, marry, leave, cover 등은 타동사이므로 뒤에 전치사가 와서는 안 된다.

2 '자동사+전치사', '동사+명사+전치사', '동사+부사+전치사' 와 같이 2개 이상의 낱말이 모여 하나의 타동사 역할을 하는 것을 타동사구라고 한다. 타동사구가 숙어처럼 쓰인다고 해서 무작정 암기하는 것은 바람직하지 않다. 각 단어의 원래 의미를 연결하면 전체적으로 그 뜻이 자연스럽게 드러난다.

* 원칙적으로 관용적 표현이란 것은 없다. 영어를 있는 그대로 받아들이더라도 우리가 이해하지 못하는 표현은 거의 없기 때문이다. 영어에 대한 이해가 부족한 것은 영어를 있는 그대로 받아들이지 못하고 외우려고 들기 때문이다.

> 영어식 해석

1. Her baby(그녀의 아기는) entered(들어갔다) the room(그 방에).
2. He resembles(그는 닮았다) his father(그의 아버지를).
3. He married(그는 결혼했다) a rich girl(부유한 소녀와).
4. He reached(그는 도착했다) the station(역에).
5. He left(그는 나갔다) the room(그 방에서).
6. He attended(그는 참석했다) the meeting(그 회의에).
7. We discussed(그는 토의했다) the problem(그 문제를).
8. She survived(그녀는 오래 살았다) her mother(그녀의 어머니보다).
9. She excels(그녀는 능가한다) me(나를) in cooking(요리에 있어서).
10. We are approaching(우리는 접근하고 있다) the island(그 섬에).

1. He laughed(그는 웃었다) at me(나를 향해).
2. I will send(나는 (사람을) 보낼 것이다) for the doctor(그 의사를 (부르기) 위해).
3. A school bus(학교 버스가) ran(달렸다) over the boy(그 소년 위로).
4. I though out(나는 생각해냈다) a good idea(좋은 아이디어를).
5. She put away(그녀는 떼서 놓았다(저축했다)) all her money(모든 그녀의 돈을).
6. I will never look(나는 결코 보지 않을 것이다) over your mistakes(너의 실수들을 넘어서) again(다시는)!
7. You must take care(너는 보살핌을 취해야 한다) of the baby(그 소년에 대한).
8. She stood up(그녀는 일어서 있었다) for him(그를 위해).
9. They looked up(그들은 위로 쳐다보았다) to him(그를 향해).
10. They looked down(그들은 아래로 쳐다보았다) on him(그의 위로).

영어식 영작

1. 그녀의 아기는 그 방에 들어갔다. (그녀의 아기는, 들어갔다, 그 방에)
2. 그는 그의 아버지를 닮았다. (그는 닮았다, 그의 아버지를)
3. 그는 부유한 소녀와 결혼했다. (그는 결혼했다, 부유한 소녀와)
4. 그는 역에 도착했다. (그는 도착했다, 역에)
5. 그는 그 방에서 나갔다. (그는 나갔다, 그 방에서)
6. 그는 그 회의에 참석했다. (그는 참석했다, 그 회의에)
7. 그는 그 문제를 토의했다. (그는 토의했다, 그 문제를)
8. 그녀는 그녀의 어머니보다 오래 살았다. (그녀는 오래 살았다, 그녀의 어머니보다)
9. 그녀는 요리에 있어 나를 능가한다. (그녀는 능가한다, 나를, 요리에 있어서)
10. 우리는 그 섬에 접근하고 있다. (우리는 접근하고 있다, 그 섬에)

1. 그는 나를 비웃었다
   (그는 웃었다, 나를 향해).
2. 나는 의사를 부르러 사람을 보낼 것이다.
   (나는 (사람을) 보낼 것이다, 그 의사를 (부르기) 위해)
3. 학교 버스가 그 소년을 치였다.
   (학교 버스가, 달렸다, 그 소년 위로).
4. 나는 좋은 아이디어를 고안했다.
   (나는 생각해냈다, 좋은 아이디어를)
5. 그녀는 자신의 모든 돈을 저축했다.
   (그녀는 떼서 놓았다, 모든 그녀의 돈을)
6. 나는 다시는 너의 실수를 간과하지 않을 것이다.
   (나는 결코 보지 않을 것이다, 너의 실수들을 넘어서, 다시는)
7. 너는 그 소년을 보살펴야 한다.
   (너는 보살핌을 취해야 한다, 그 소년에 대한)
8. 그녀는 그를 편들었다.
   (그녀는 일어서 있었다, 그를 위해)
9. 그들은 그를 존경했다.
   (그들은 위로 쳐다보았다, 그를 향해)
10. 그들은 그를 멸시했다.
    (그들은 아래로 쳐다보았다, 그의 위로)

Pattern 49 **He bought the girl a red rose.**

1 주다동사 + 사람 + 사물

give, bring, show, send, teach, tell, lend, offer, hand + 사물 + to 사람 = A에게 B를 ~주다

1. I **gave** her the book. = I gave the book to her.
2. I'll **give** you a ring as soon as I get there.
3. Could you **give** me a hand?
4. I'll **give** you an injection/a shot.
5. Please **show** me how to fill in this entry card.
6. Can you **lend** me some money?
7. Hey, **treat** me another round.

2 해주다동사 + 사람 + 사물

buy, get, make, order, leave, play, save, sing + 사물 + for 사람 = A를 위해 B를 ~해주다

1. He **bought** the girl a red rose.
   = He bought a red rose for the girl.
2. He **bought** a gold necklace for me.
3. What did your husband **get** you for your silver wedding anniversary?

3 ask, inquire + 사물 + of 사람

1. May I **ask** you a favor? = May I ask a favor of you?
2. She **inquired** the way of a policeman.

> **Pattern Tip**
>
> 동사 뒤에 '사람 + 사물'이 오면 'A에게(를 위해) B를 ~(해)주다'로 해석한다. 사람을 사물 뒤로 보낼 때는 to, for, of 등이 사람 앞에 온다.

영어식 해석

1. I gave(나는 주었다) her(그녀에게) the book(그 책을).
   = I gave(나는 주었다) the book(그 책을) to her(그녀에게).
2. I'll give you a ring(나는 너에게 전화를 줄 것이다) as soon as I get there(내가 그곳에 도착하자마자).
3. Could you give me(너는 나에게 줄 수 있니) a hand(손을)?
4. I'll give you(나는 너에게 줄 것이다) an injection/a shot(주사를).
5. Please show me(제발 나에게 보여주세요) how to fill in(어떻게 채우는 지를) this entry card(이 입국 신고서를).
6. Can you lend me(너는 나에게 빌려줄 수 있니) some money(약간의 돈을)?
7. Hey, treat me(자 나에게 대접해) another round(다른 라운드를(2차를)).

1. He bought(그는 사주었다) the girl(그 소녀에게) a red rose(한 송이 붉은 장미를).
   = He bought(그는 사주었다) a red rose(한 송이 붉은 장미를) for the girl(그 소녀를 위해).
2. He bought(그는 사주었다) a gold necklace(금목걸이를) for me(나를 위해).
3. What did your husband get(무엇을 너의 남편은 주었니) you(너에게) for your silver wedding anniversary(너의 결혼 25주년 기념일을 위해)?

1. May I ask(부탁해도 될까요) a favor(호의를)?
2. She inquired(그녀는 물었다) the way(길을) of a policeman(경관에게).

영어식 영작

1. 나는 그녀에게 그 책을 주었다.
   (나는 주었다, 그녀에게, 그 책을)
2. 나는 그곳에 도착하자마자 전화를 할 것이다.
   (나는 너에게 전화를 줄 것이다, 내가 그곳에 도착하자마자)
3. 도와주시겠어요?
   (너는 나에게 줄 수 있니, 손을)
4. 주사 한 대 놓겠습니다.
   (나는 너에게 줄 것이다, 주사를)
5. 이 입국신고서 기재하는 방법을 가르쳐주십시오.
   (제발 나에게 보여주세요, 어떻게 채우는 지를, 이 입국신고서를)
6. 너는 나에게 돈 좀 빌려줄 수 있니?
   (너는 나에게 빌려줄 수 있니, 약간의 돈을)
7. 야, 네가 2차 한잔 사라.
   (자 나에게 대접해, 다른 라운드를(2차를))

1. 나는 한 송이 빨간 장미를 그녀에게 사주었다.
   (그는 사주었다, 그 소녀에게, 한 송이 붉은 장미를)
2. 그는 나를 위해 금목걸이 사주었다.
   (그는 사주었다, 금목걸이를, 나를 위해)
3. 너의 남편이 은혼식을 위해 너에게 무엇을 사주었니?
   (무엇을 너의 남편은 주었니, 너에게, 너의 결혼 25주년 기념일을 위해)

1. 부탁하나 해도 될까요?
   (부탁해도 될까요, 호의를)
2. 그녀는 경관에게 길을 물었다.
   (그녀는 물었다, 길을, 경관에게)

Pattern 50 — I always imagined him as a tall man.

1 생각 동사 + 명사 + 명사, 형용사, 준동사 = (생각하다) '~가 …라고'
think, believe, consider, imagine, find, guess, expect, took, regard, treat

1. I always **imagined** him as a tall man.
2. Some **think** him a good Samaritan.
3. I **believe** him (to be) a teacher.
4. We **consider** the withdrawal a great shame.
5. I **find** it wholesome to be alone the greater part of the time.
6. I **regard** our hiding as a dangerous, romantic adventure.
7. In my diary, I **treat** all difficulties as amusing.

Pattern Tip

'주어 + 동사 + 명사 + 보어'(5형식 문형)에서 명사와 보어는 주어와 술어의 관계에 있다. '명사 + 보어'는 동사와 연결해서 말을 만들면 자연스럽게 해석이 된다. 특히 보어의 형태에 유의하자.

1 생각 동사 + 명사 + 명사, 형용사, 준동사 = (생각하다) '~가 …라고'
   think, believe, consider, imagine, find, guess, expect, took, regard, treat

2 호칭 동사 + 명사 + 명사 = (부르다) '~를 …라고'
   name, call, term

3 임명 동사 + 명사 + 명사 = (임명하다) '~를 …로'
   appoint, elect, select, choose, make

4 명령 동사 + 명사 + to do
   = (명령하다) '~에게 …하라고' '~가 …할 것을'
   order, command, advise, tell, warn, compel, force

5 허락 동사 + 명사 + to do = (허락하다) '~가 …하는 것을'
   allow, forbade, permit, enable

6 부탁 동사 + 명사 + to do = (부탁하다) '~에게 …해달라고'
   ask, beg, request

7 호불호·기대 동사 + 명사 + 보어
   = (원하다) '~가 …하기를, ~가 …하는 것을'
   like, hate, want, expect

8 감각 동사 + 명사 + 원형부정사(진행형, 분사형) = '~가 …하는 것을'
   see, watch, smell, hear, feel

9 사역 동사 + 명사 + 원형부정사
   have(시키다), make(만들다), let(허락하다)

영어식 해석

1. I always imagined(나는 항상 상상했다) him as a tall man(그가 키가 큰 사람이라고).
2. Some think(어떤 사람은 생각한다) him a good Samaritan(그가 자선가라고).
3. I believe(나는 믿는다) him (to be) a teacher(그가 선생님이라고).
4. We consider(우리는 생각한다) the withdrawal a great shame(그 후퇴가 큰 치욕이라고).
5. I find(나는 생각한다) it wholesome(그것이 건전하다고) to be alone(혼자 있는 것이) the greater part of the time(대부분의 시간을).
6. I regard(나는 간주한다) our hiding as a dangerous(우리의 은신이 위험한 것이라고), romantic adventure(그리고 낭만적인 모험이라고).
7. In my diary(나의 일기에서), I treat(나는 간주한다) all difficulties as amusing(모든 어려움들이 즐거운 것이라고).

영어식 영작

1. 나는 늘 그가 키가 큰 사람이라고 상상했다.
   (나는 항상 상상했다, 그가 키가 큰 사람이라고)
2. 어떤 사람은 자신이 자선가라고 생각한다.
   (어떤 사람은 생각한다, 그가 자선가라고)
3. 나는 그가 선생님이라고 믿는다.(나는 믿는다, 그가 선생님이라고)
4. 우리는 후퇴가 큰 치욕이라고 여긴다.
   (우리는 생각한다, 그 후퇴가 큰 치욕이라고)
5. 나는 대부분의 시간을 혼자 있는 것이 건전하다고 생각한다.
   (나는 생각한다, 그것이 건전하다고, 혼자 있는 것이, 대부분의 시간을)
6. 나는 우리의 은신이 위험하고 낭만적인 모험이라고 간주한다.
   (나는 간주한다, 우리의 은신이 위험한 것이라고, 그리고 낭만적인 모험이라고)
7. 나는 일기에서 모든 어려움을 즐거운 것으로 간주한다.
   (나의 일기에서, 나는 간주한다, 모든 어려움들이 즐거운 것이라고)

2 호칭 동사 + 명사 + 명사 = (부르다) '~를 …라고'
name, call, term

1. Adam **named** his wife Eve.
2. You can **call** me marry.
3. What the caterpillar **calls** the end of the world, the master calls a butterfly.
4. He has no right to **term** himself a professor.

영어식 해석

1. Adam named(아담은 불렀다) his wife Eve(그의 아내를 이브라고).
2. You can call(너는 부를 수 있다) me marry(나를 메리라고).
3. What the caterpillar calls(고치가 부르는 것을) the end of the world(세상의 끝이라고), the master calls(스승은 부른다) a butterfly(나비라고).
4. He has no right(그는 자격을 가지고 있지 않다) to term(일컬을) himself a professor(자신을 교수라고).

영어식 영작

1. 아담은 자신의 아내를 이브라고 불렀다.
   (아담은 불렀다, 그의 아내를 이브라고)
2. 당신은 나를 메리라고 불러도 된다.
   (너는 부를 수 있다, 나를 메리라고)
3. 고치가 세상의 끝이라고 부르는 것을 스승은 나비라고 부른다.
   (고치가 부르는 것을, 세상의 끝이라고, 스승은 부른다, 나비라고)
4. 그는 자신을 교수라고 일컬을 자격을 가지고 있지 않다.
   (그는 자격을 가지고 있지 않다, 일컬을, 자신을 교수라고)

3 임명 동사 + 명사 + 명사 = (임명하다) '~를 …로'
appoint, elect, select, choose, make

1. They **appointed** him chairman.
2. We **elected** him (to be) president.
3. Though you may **choose** the virtuous to be(=as) your friends, they may not choose you.
4. I have **made** him my friend.

영어식 해석

1. They appointed(그들은 임명했다) him chairman(그를 회장으로).
2. We elected(우리는 선출했다) him (to be) president(그를 대통령으로).
3. Though you may choose(당신은 선택할지 모르지만) the virtuous to be(=as) your friends(미덕을 지닌 사람을 당신의 친구들로), they may not choose you(그들은 당신을 선택하지 않을지도 모른다).
4. I have made(나는 만들었다) him my friend(그를 나의 친구로).

영어식 영작

1. 그들은 그를 회장으로 임명했다.(그들은 임명했다, 그를 회장으로)
2. 우리는 그를 대통령으로 선출했다.(우리는 선출했다, 그를 대통령으로)
3. 당신이 미덕을 지닌 사람들을 당신의 친구로 선택하더라도 그들은 당신을 선택하지 않을 지도 모른다.
   (당신은 선택할지 모르지만, 미덕을 지닌 사람을 당신의 친구들로, 그들은 당신을 선택하지 않을지도 모른다)
4. 나는 그를 나의 친구로 만들었다.
   (나는 만들었다, 그를 나의 친구로)

4 명령 동사 + 명사 + to do
= (명령하다) '~에게 …하라고' '~가 …할 것을'

order, command, advise, tell, warn, compel, force

1. He **ordered** his men **to** fire.
2. The general **commanded** the troops **to** withdraw.
3. He **advised** me **not to** go there.
4. He often **tells** me **to** keep my mouth shut.
5. I **told** you not **to** buy in this bear market.
6. I **warned** him **not to** be late.
7. Illness **compelled** me **to** spend the holiday in bed.
8. You can lead a horse to water, but you can't **force** it **to** drink.

영어식 해석

1. He ordered(그는 명령했다) his men to fire(그의 사람에게 발포하라고).
2. The general commanded(장군은 명령했다) the troops to withdraw(그 군대가 철수하라고).
3. He advised(그는 충고했다) me not to go there(나에게 그곳에 가지 말라고).
4. He often tells(그는 자주 말한다) me to keep(내가 유지하라고) my mouth shut(나의 입이 닫힌 상태로).
5. I told(나는 말했다) you not to buy(네가 사지 말라고) in this bear market(이런 약세장에서는).
6. I warned(나는 경고했다) him not to be late(그에게 늦지 말라고).
7. Illness compelled(병은 강요했다) me to spend(나에게 보내라고) the holiday(휴일을) in bed(침대에서).
8. You can lead(당신은 이끌 수 있다) a horse to water(말을 물로), but you can't force(그러나 당신은 강제할 수 없다) it to drink(말에게 물을 마시라고).

영어식 영작

1. 그는 부하에게 발포하라고 명령했다.
   (그는 명령했다, 그의 사람에게 발포하라고)
2. 장군은 군대에게 후퇴하라고 명령했다.
   (장군은 명령했다, 그 군대가 철수하라고)
3. 그는 나에게 그곳에 가지 말라고 충고했다.
   (그는 충고했다, 나에게 그곳에 가지 말라고).
4. 그는 종종 나에게 입을 닫으라고 말한다.
   (그는 자주 말한다, 내가 유지하라고, 나의 입이 닫힌 상태로).
5. 나는 약세장이니 사지 말라고 너에게 말했다.
   (나는 말했다, 네가 사지 말라고, 이런 약세장에서는).
6. 나는 그에게 늦지 말라고 경고했다.
   (나는 경고했다, 그에게 늦지 말라고).
7. 병 때문에 나는 휴일을 침대에서 보냈다.
   (병은 강요했다, 나에게 보내라고, 휴일을 , 침대에서).
8. 말을 물가로 끌고 갈 수 있지만 물을 마시라고 강요할 수는 없다.
   (당신은 이끌 수 있다, 말을 물로, 그러나 당신은 강제할 수 없다, 말에게 물을 마시라고)

5 허락 동사 + 명사 + to do = (허락하다) '~가 …하는 것을'

allow, forbade, permit, enable

1. I will **allow** them **to** do as they like.
2. I **forbade** him **to** enter my room.
3. We **permitted** him **to** depart.
4. Good health **enabled** him **to** carry out the plan.

영어식 해석

1. I will allow(나는 허용할 것이다) them to do(그들이 하는 것을) as they like(그들이 좋아하는 대로).
2. I forbade(나는 금했다) him to enter(그가 들어오는 것을) my room(나의 방에).
3. We permitted(우리는 허락했다) him to depart(그가 떠나는 것을).
4. Good health enabled(건강은 가능하게 했다) him to carry out(그가 수행하는 것을) the plan(그 계획을).

영어식 영작

1. 나는 그들이 멋대로 하도록 내버려둘 것이다.
   (나는 허용할 것이다, 그들이 하는 것을, 그들이 좋아하는 대로)
2. 나는 그가 나의 방에 들어오는 것을 금지했다.
   (나는 금했다, 그가 들어오는 것을, 나의 방에)
3. 우리는 그가 떠나는 것을 허락했다.
   (우리는 허락했다, 그가 떠나는 것을)
4. 그는 건강이 좋아서 그 계획을 수행할 수 있었다.
   (건강은 가능하게 했다, 그가 수행하는 것을, 그 계획을)

6 부탁 동사 + 명사 + to do = (부탁하다) '~에게 …해달라고'
ask, beg, request

1. She **asked** me to hand this package to you.
2. Why didn't you **ask** Tom to be on our football team?
3. I **begged** my husband to accompany me.
4. I **request** you to forward the goods to Mr. Baker.

영어식 해석

1. She asked(그녀는 부탁했다) me to hand(나에게 전달해 달라고) this package to you(이 꾸러미를 당신에게).
2. Why didn't you ask(왜 너는 부탁하지 않았니) Tom to be on our football team(탐에게 우리 축구팀 위에 있으라고)?
3. I begged(나는 간청했다) my husband to accompany me(나의 남편에게 나를 동행해 달라고).
4. I request(나는 요청합니다) you to forward(당신에게 부쳐달라고) the goods(화물을) to Mr. Baker(베이커 씨 앞으로).

영어식 영작

1. 그녀는 나에게 이 꾸러미를 당신에게 전해달라고 부탁했다.
   (그녀는 부탁했다, 나에게 전달해 달라고, 이 꾸러미를 당신에게)
2. 왜 톰에게 축구팀에 들어오라고 부탁하지 않았니?
   (왜 너는 부탁하지 않았니, 탐에게 우리 축구팀 위에 있으라고)
3. 나는 남편에게 동행해달라고 간청했다.
   (나는 간청했다, 나의 남편에게 나를 동행해 달라고)
4. 화물을 베이커 씨 앞으로 보내주세요.
   (나는 요청합니다, 당신에게 부쳐달라고, 화물을, 베이커 씨 앞으로)

7 호불호·기대 동사 + 사람 to do = (원하다) '~가 …하는 것을'
호불호·기대 동사 + 사물 pp = (원하다) '~가 …되는 것을'
like, hate, want, expect

1. Many people don't **like** a woman **to** smoke.
2. I would **like** you **to** meet Mrs. Miller.
3. I **hate** a thing **done** by halves. If it be right, do it boldly.
4. I **want** this suit dry-clean**ed**.
5. What do you **want** me **to** do for you?
6. I **want** you **to** do your best.
7. I **want** you **to** put on a little extra makeup and greet every customer with a smile today.
8. My father **expected** me **to** go to a medical school.

영어식 해석

1. Many people don't like(많은 사람들은 좋아하지 않는다) a woman to smoke(여자가 담배피우는 것을).
2. I would like(나는 좋아한다) you to meet Mrs. Miller(네가 밀러씨를 만나는 것을(인사하는 것을)).
3. I hate(나는 싫어한다) a thing done by halves(일이 반쯤 실행된 것을).
4. I want(나는 원한다) this suit dry-cleaned(이 양복이 드라이클리닝 되는 것을).
5. What do you want(무엇을 너는 원하니) me to do(내가 하기를) for you(너를 위해)?
6. I want(나는 원한다) you to do your best(네가 최선을 다하는 것을).
7. I want(나는 원한다) you to put on a little extra makeup(당신이 화장을 좀 더 하는 것을) and greet every customer(그리고 모든 손님을 맞는 것을) with a smile(미소로) today(오늘).
8. My father expected(나의 아버지는 기대했다) me to go(내가 가는 것을) to a medical school(의과대학으로).

영어식 영작

1. 많은 사람들은 여자가 담배 피우는 것을 좋아하지 않는다.
   (많은 사람들은 좋아하지 않는다, 여자가 담배피우는 것을)
2. 밀러부인과 인사하시죠.
   (나는 좋아한다, 네가 밀러씨를 만나는 것을(인사하는 것을))
3. 나는 일이 어중간하게 행해지는 것을 싫어한다.
   (나는 싫어한다, 일이 반쯤 실행된 것을)
4. 이 양복 드라이해주세요.
   (나는 원한다, 이 양복이 드라이클리닝 되는 것을)
5. 너를 위해 뭘 해주길 원하니?
   (무엇을 너는 원하니, 내가 하기를, 너를 위해)?
6. 나는 당신이 최선을 다하기를 원한다.
   (나는 원한다, 네가 최선을 다하는 것을)
7. 나는 당신이 화장을 좀 더 하고 모든 손님들에게 미소로 맞이해주길 바래요.
   (나는 원한다, 당신이 화장을 좀 더 하는 것을, 그리고 모든 손님을 맞는 것을, 미소로, 오늘)
8. 나의 아버지는 내가 의대에 가기를 기대하셨다.
   (나의 아버지는 기대했다, 내가 가는 것을, 의과대학으로)

8 감각 동사 + 명사 + 원형부정사(진행형, 분사형)
  = '~가 …하는 것을'
  see, watch, smell, hear, feel

  1. I **saw** a man beat**en** by some people.
  2. **Watch** the girl **play** the violin.
  3. We **noticed** someone **jump** over the fence.
  4. I **heard** my name call**ed**.
  5. I can't **hear** a single bird sing**ing** outside.
  6. We **felt** the house **shake**.

영어식 해석

1. I saw(나는 보았다) a man beaten(한 남자가 맞는 것을) by some people(몇 명의 사람에 의해).
2. Watch(주목하라) the girl play the violin(그 소녀가 바이올린을 연주하는 것을).
3. We noticed(우리는 알아챘다) someone jump(누군가가 점프하는 것을) over the fence(담 위로).
4. I heard(나는 들었다) my name called(내 이름이 불리는 것을).
5. I can't hear(나는 들을 수 없다) a single bird singing(한 마리의 새가 노래하는 것도) outside(밖에서).
6. We felt(우리는 느꼈다) the house shake(집이 흔들리는 것을).

영어식 영작

1. 나는 한 남자가 몇 명의 사람에게 맞는 것을 보았다.
   (나는 보았다, 한 남자가 맞는 것을, 몇 명의 사람에 의해)
2. 그 소녀가 바이올린을 연주하는 것을 주목하라.
   (주목하라, 그 소녀가 바이올린을 연주하는 것을)
3. 우리는 누군가가 담을 뛰어넘는 것을 알아챘다.
   (우리는 알아챘다, 누군가가 점프하는 것을, 담 위로)
4. 나는 내 이름이 불리는 것을 들었다.
   (나는 들었다, 내 이름이 불리는 것을)

5. 나는 밖에서 한 마리의 새가 노래하는 것도 들을 수 없다.
   (나는 들을 수 없다, 한 마리의 새가 노래하는 것도, 밖에서)
6. 우리는 집이 흔들리는 것을 느꼈다.
   (우리는 느꼈다, 집이 흔들리는 것을)

9 사역 동사 + 명사 + 원형부정사

1. have + 사람 + 원형부정사 = '~가 …하게(하도록) 시키다'
   have + 사물 + pp = '~를 …시키다', '~가 …을 당하다'
   1. They will **have** some one **sing**.
   2. I **had** the man **repair** my car.
      = I **got** the man **to** repair my car.
      = I **had** my car repair**ed** by the man.
   3. Please **have** him **call** me at 939-7410.
   4. I want to **have** my fortune **told**.
   5. I **had**(got) my bag stol**en**.
   6. Can you **have** it **done** by four o'clock?

2. make + 명사 + 원형부정사 = '~가 …하게(하도록) 만들다'
   1. Your new hair-do **makes** you **look** younger.
   2. Always **make** the other person **feel** important.
   3. Would you like to know how to **make** a girl **fall** in love with you?

3. let + 명사 + 원형부정사 = '~가 …하게(하도록) 허락하다'
   1. I **let** him **have** his own way.
   2. **Let** bygones **be** bygones.
   3. I won't **let** the cat out of the bag.

> 영어식 해석

1. They will have(그들은 시킬 것이다) some one sing(어떤 사람이 노래하도록).
2. I had(나는 시켰다) the man repair my car(그 남자가 내 차를 수리하도록).
   = I got(나는 시켰다) the man to repair my car(그 남자가 나의 차를 수리하도록).
   = I had(나는 가졌다) my car repaired(수리된 나의 차를) by the man(그에 의해).
3. Please have(제발 시키세요) him call me(그가 나에게 전화하도록) at 939-7410(939-7410으로).
4. I want to have(나는 가지기를 원한다) my fortune told(말해진 나의 운명을).
5. I had(got)(나는 가졌다) my bag stolen(도둑맞은 나의 백을).
6. Can you have(당신은 가질 수 있습니까) it done(끝난 그것을) by four o'clock(4시까지)?

1. Your new hair-do makes(당신의 새 헤어스타일은 만든다) you look(당신이 보이도록) younger(더 젊은 것처럼).
2. Always make(항상 만들라) the other person feel(다른 사람이 느끼도록) important(중요하다고).
3. Would you like to know(알고 싶으세요) how to make(어떻게 만드는지를) a girl fall in love(소녀가 사랑에 빠지도록) with you(당신에게)?

1. I let(나는 허락했다) him have(그가 가지도록) his own way(그 자신의 길을).
2. Let(허락하라) bygones be bygones(지나간 것들은 지나간 것들이 되도록).
3. I won't let(나는 허락하지 않을 것이다) the cat out of the bag(고양이가 가방 밖으로 나오는 것을).

영어식 영작

1. 그들은 누군가에게 노래하게 시킬 것이다.
   (그들은 시킬 것이다, 어떤 사람이 노래하도록)
2. 나는 그 남자가 내 차를 수리하게 시켰다.
   (나는 시켰다, 그 남자가 내 차를 수리하도록)
3. 그가 나에게 939-7410으로 전화하라고 전해주세요.
   (제발 시키세요, 그가 나에게 전화하도록, 939-7410으로)
4. 나는 점보기를 원한다.
   (나는 가지기를 원한다, 말해진 나의 운명을)
5. 나는 가방을 도둑 맞았다.
   (나는 가졌다, 도둑맞은 나의 백을)
6. 4시까지 끝낼 수 있습니까?
   (당신은 가질 수 있습니까, 끝난 그것을, 4시까지)?

1. 새로 머리를 하니 더 젊어 보인다.
   (당신의 새 헤어스타일은 만든다, 당신이 보이도록, 더 젊은 것처럼)
2. 항상 다른 사람이 중요하다고 느끼도록 만들어라.
   (항상 만들라, 다른 사람이 느끼도록, 중요하다고)
3. 여러분은 어떻게 한 소녀가 당신에게 사랑에 빠지도록 만드는 지를 알고 싶으세요?
   (알고 싶은가요, 어떻게 만드는지를, 소녀가 사랑에 빠지도록, 당신에게)

1. 나는 그가 하고 싶은 대로 하도록 허락했다.
   (나는 허락했다, 그가 가지도록, 그 자신의 길을)
2. 지난 일은 잊어버려라.
   (허락하라, 지나간 것들은 지나간 것들이 되도록)
3. 나는 비밀을 누설하지 않을 것이다.
   (나는 허락하지 않을 것이다, 고양이가 가방 밖으로 나오는 것을)